Anna Loosed

BERND HARDER

Die Goldenen Regeln der Menschheit

BERND HARDER

Die Goldenen Regeln der Menschheit

Was man tun muss,
wenn man das Richtige tun möchte:
Lebensregeln, Gebote und Tugendkataloge
vom Altertum bis heute.

PATTLOCH

Bibliografische Information Der Deutschen Bibliothek

Die Deutsche Bibliothek verzeichnet diese Publikation
in der Deutschen Nationalbibliografie; detaillierte bibliografische
Daten sind im Internet über http://dnb.ddb.de abrufbar.

Umschlaggestaltung: ZERO Werbeagentur, München
Umschlagbild: FinePic, München
Lektorat: Hans-Peter Lembeck
Satz und Gestaltung: Hartmut Czauderna
Druck und Bindung: Ebner & Spiegel, Ulm
Printed in Germany

ISBN-13: 978-3-629-02124-3
ISBN-10: 3-629-02124-7

www.pattloch.de

Inhalt

Vorwort

»BRAV, KINDLEIN, BRAV ...«

So umschrieb eine große deutsche Frauenzeitschrift im Sommer 2006 den neuen Werteboom im Kinderzimmer. Wollten Eltern ihren Nachwuchs vor 20 Jahren noch zu taffen Mitgliedern der Ellenbogengesellschaft formen, lehrten sie heute wieder Benimm und Höflichkeit.

Auch Sparsamkeit und Gewissenhaftigkeit gelten als Erziehungsziele, während der Wunsch nach selbstbewussten Kids (früher auf Platz eins) weit hinten rangiere. Sogar Religion werde Kindern neuerdings verstärkt nahe gebracht.

»Wächst da eine Generation angepasster Spießer heran?«, fragte das Blatt am Ende des Artikels fast etwas erschrocken.

Gegenfrage: Was haben Tugenden und Werte mit angepasstem Spießertum zu tun?

Rein gar nichts, ganz im Gegenteil.

Nehmen wir zum Beispiel das Jugendidol Harry Potter. Hoch moralisch handelnd, bricht er dennoch ständig die Schulregeln, um sich vorbildlich für seine Freunde und für das Gute einzusetzen (siehe Seite 260).

Ein angepasster Spießer?

Oder, um in der Wirklichkeit zu bleiben, Franziskus von Assisi: Zieht sich während eines heftigen Streits mit seinem wohlhabenden Vater einfach aus, wirft dem Altvorderen die Kleider vor die Füße und läuft nackt durch die Stadt.

Ein handfester Skandal. Und zugleich der Beginn einer Heiligenkarriere, die ihm noch mehr als 700 Jahre später den Ehrentitel »Mann des Jahrtausends« einbringt – verliehen 1992 vom Time-Magazine – (siehe Seite 112).

Ein angepasster Spießer?

Oder die Pfadfinder.

Angepasste Spießer, die nahezu zwanghaft alten Damen über die Straße helfen? Mitnichten, sondern: »Wir gestalten unser eigenes Leben, übernehmen Verantwortung, zeigen Engagement, wollen etwas bewegen ... Dabei müssen wir nicht jeden Modegag mitmachen, nicht jedem Trend nachlaufen, mit dem Strom zu schwimmen wird langweilig« (siehe Seite 186).

Was bedeuten uns diese Beispiele?

Die angestrengte Wertedebatte der letzten Jahre findet längst nicht mehr nur in den Feuilletons der meinungsbildenden Medien statt.

Tugenden und Werte werden allenthalben ganz konkret erworben, vorgelebt, umgeformt und immer auch weitergegeben – sogar im Fitnessstudio (siehe Seite 253: »Die Weider-Prinzipien«), im Internet (siehe Seite 256: »Die zwölf Gebote des Cyberspace«) oder in Sciencefiction-Filmen (siehe Seite 218: »Die drei Robotergesetze«).

Auch die üblicherweise als schundig beargwöhnten Comics unterminieren längst nicht mehr die »Moral« der Jugend, sondern erörtern unter anderen die Frage nach der rechten Lebensführung (siehe Seite 220: »Ethik in Entenhausen«).

Ganz offenkundig also sind Gebote und Regeln nicht zuerst etwas moralisch Gefordertes, sondern etwas, das das Leben lebenswert, also reich, tief und sinnvoll macht.

Das wiederum ist aber kein neuer Trend (etwa als Folge zunehmender Zukunftsängste und Orientierungslosigkeit) – das war zu allen Zeiten so.

Schon immer haben progressive Vordenker (keine angepassten Spießer!) sich Gedanken über politische, soziale, wirtschaftliche, rechtliche, kulturelle, moralische, erzieherische, wissenschaftliche, industrielle, athletische, medizinische, sprachliche, technische oder emotionale Werte gemacht, als Beitrag zur Entwicklung und zum Wohle der Menschheit.

Und häufig sind daraus regelrechte Tugendkataloge zur Kategorisierung und Systematisierung des »rechten Maßes« entstanden.

Eine Auswahl der wichtigsten und prägendsten finden Sie in diesem Buch.

Autor und Verlag wünschen Ihnen eine anregende, gewinnbringende und motivierende Lektüre – doch gilt es stets immer auch zu bedenken: »Renn nicht rum und diskutiere, was denn den guten Menschen ausmache: Sei einer!« (Marc Aurel)

Die Gebote des Alten Ägypten

(ca. 2600 v. Chr.)

Ich habe Gerechtigkeit getan für mich und für meinen Herrn,
ich habe ihn zufrieden gestellt mit dem, was er allzeit liebt.

Ich habe das Richtige gesagt, ich habe das Richtige getan,
ich habe gut gesprochen, ich habe gut gehandelt,
ich habe den geeigneten Augenblick ergriffen.

Die Liebe zu mir ist vollkommen bei den Menschen.
Ich entschied über zwei Brüder so, dass beide zufrieden waren.
Ich rettete den Schwachen vor dem, der mächtiger war als er,
wenn es in meiner Macht stand.

Ich gab Brot dem Hungernden, Kleider dem Nackten,
eine Überfahrt dem Schifflosen, ein Begräbnis dem,
der keinen Sohn hatte.
Ich diente als Fähre dem, der keine Fähre hatte.
Ich ehrte meinen Vater, war liebevoll zu meiner Mutter;
ich sorgte für meine Kinder.

(Inschrift auf der Grabkapelle eines Ägypters namens Neferseschemre,
Staatliche Sammlung ägyptischer Kunst, München)

»CHAOS IST DAS HALBE LEBEN.«

Mit solchen Schmunzel-Sentenzen aus zeitgeistiger Ratgeberliteratur trösten wir uns heute, wenn es uns nicht gelingen will, ein wenig Struktur und Ordnung in unseren Alltag zu bringen.

»Eure Probleme möchte ich haben!«, würde dagegen wohl ein alter Ägypter auf diesen Spontispruch antworten. Und zwar ziemlich verständnislos, denn »Chaos« – das hatte für die Hochkultur am Nil eine sehr viel konkretere Bedeutung als überquellende Schreibtische oder Schränke, die nicht mehr schließen, weil das, was in sie hineingedrückt wurde, eine unkontrollierte Verbindung eingegangen ist.

Die Ägypter brachten ihr Dasein wahrhaftig zwischen Chaos und Ordnung zu. Denn ihr Alltagsleben wurde beherrscht von einer Naturgewalt, über die sie keine Kontrolle hatten und die sie nie völlig vorhersehen konnten: die Überschwemmung des Nils.

Die alljährliche Erfahrung der meterhohen Fluten, die Schlamm und Verwüstung hinterließen, beschäftigte die religiöse Fantasie. So wie das Wasser in die Stadt vordringen konnte, so konnten ganz allgemein gesprochen die Elemente des Chaos auch als Störfaktor in das verschlungene Netz menschlicher Beziehungen vordringen.

Gegen eine zerbrechliche Welt, die regelmäßig aus den Fugen gerät, hilft nur eines: die partnerschaftliche Verbundenheit aller mit allen.

Individualität galt im alten Ägypten nicht als erstrebenswerte Tugend, sondern als Zeichen von Selbstsucht.

»Der Eine lebt, wenn der Andere ihn leitet«, lautete

ein ägyptisches Sprichwort. Das Besondere daran: Die Ideale des alten Ägypten waren die Frucht sozialer Erfahrungen, die der Mensch selbst machte. Und nicht ein »offenbartes« Gesetz, das von außen her in die Welt hineingelegt wurde.

Und: Diese Bindung des Einzelnen an Gerechtigkeit und Solidarität umspannte Diesseits und Jenseits, Lebende und Tote, Menschen und Götter.

So heißt es in einer berühmten Sozial- und Lebenslehre der alten Ägypter (»Klagen des beredten Oasenmannes«):

Die Gerechtigkeit aber wird ewig sein.
Sie steigt an der Hand dessen, der sie übte,
ins Totenreich hinab.
Er wird begraben und vereint sich der Erde;
sein Name aber wird nicht ausgelöscht werden
auf Erden,
sondern man gedenkt seiner wegen der Tugend.

Die Moral der Sumerer

(ca. 2400 v. Chr.)

In verschiedenen, unvollständig erhalten gebliebenen Inschriften der ersten Hochkulturen heißt es über die sumerischen Herrscher

Urukagina von Lagasch (gest. 2371 v. Chr.):
»Er sprach, und die Kinder von Lagasch befreite er von Dürre, von Diebstahl, von Mord ...

Er setzte ein die Freiheit. Der Waise und der Witwe tat der Mächtige kein Unrecht an ...«

Gudea von Lagasch (um 2130 v. Chr.):
»Er beseitigte Grenzstreitigkeiten ... Die Mutter stieß keine Flüche gegen ihr Kind aus, das Kind, das von seiner Mutter fortlief, sagte seiner Mutter kein böses Wort.

Den Sklaven, der sich etwas zuschulden hatte kommen lassen, schlug der Herr nicht auf den Kopf, der Sklavin, die schlecht gehandelt hatte, zerschlug ihre Herrin nicht das Gesicht. Vor Gudea erschien niemand im Streit.«

Urnammu (um 2100 v. Chr.):
»Dann stellte Urnammu, der mächtige Krieger, der König von Ur, der König von Sumer und Akkad, mit Hilfe Nannas, (Mondgott), des Herrn der Stadt und in Übereinstimmung mit den Befehlen Utus (Sonnengott), wahre Gerechtigkeit im Lande wieder her und verbannte Übelstände, Gewalttätigkeiten und Streit, indem er den Verkehr zu Wasser von den ausbeuterischen Aufsehern, die Hirten

von den wucherischen Einnehmern des Viehs, von den Einnehmern der Schafe und von den Einnehmern der Esel befreite *(als Zug-, Last- und Reittiere spielte der Esel die Rolle in der Landwirtschaft, die später das Pferd übernahm, denn gezähmte Pferde gab es noch nicht; Anm. d. Autors).*

So stellte er die Freiheit im Lande Sumer und Akkad wieder her.«

»Beschützer der Witwen und Waisen.«

Diese Titulierung ruft heute allenfalls humoristische Assoziationen hervor, ähnlich wie das geflügelte Wort vom »Rächer der Enterbten«.

Die meisten von uns würden daher wohl spontan den Kultkomiker Otto Waalkes als Schöpfer der Selbstprädikation »Beschützer der Witwen und Waisen« angeben.

Stimmt aber nur beinahe.

Zwar verwendete der Fleisch gewordene Ostfriesenwitz den Ausspruch in einer Robin-Hood-Verulkung für sein Bühnenprogramm in den 1980ern.

Aber es handelt sich dabei schlicht um ein Plagiat.

Denn es war der sumerische Stadtfürst Urukagina von Lagasch im vierundzwanzigsten Jahrhundert vor Christus, der sich als Erster diesen Titel aneignete – und ihn während seiner siebenjährigen Herrschaft mit stolzer Ehrfurcht führte.

Mit Ehrfurcht nämlich vor dem Sonnengott Utu, dem Gott der Wahrheit, der Gerechtigkeit und des Rechts. In dieser Funktion kontrollierte Utu selbst Könige. Diese konnten sich aber in ihren Gebeten oder Hymnen an ihn rühmen, allen Gerechtigkeit widerfahren zu lassen. Was

Urukagina auch tatsächlich tat. Und nicht nur davon redete.

Altertumsforscher fanden ein antikes Dokument, das erstmals den Willen eines Herrschenden zu sozialen Veränderungen dokumentiert. Urukagina tut darin kund, er habe den viel geplagten Bürgern Gerechtigkeit und Freiheit gebracht, die allgegenwärtigen und blutsaugerischen Beamten verjagt, dem Unrecht, der Ausbeutung ein Ende gesetzt und eben »die Witwen und Waisen beschützt«.

Knapp vier Jahrhunderte später verfasste der sumerische König Urnammu seine berühmte Gesetzessammlung »Codex Urnammu«, in deren Prolog einige seiner lobenswerten Leistungen aufgezählt werden: Er habe eine Anzahl bürokratischer Missbräuche abgeschafft, die Maße und Gewichte geregelt, damit es auf dem Marktplatz ehrlich zugehe, und dafür gesorgt, dass die Witwen, die Waisen und die Armen vor schlechter Behandlung und Ausbeutung geschützt seien.

Im Mittelalter bezeichneten sich die deutschen Kaiser und Fürsten selbst als Beschützer der Witwen und Waisen, als Helfer der Armen.

Und heute? Heute geht allenfalls noch ein superzynischer Comedian wie Ingo Appelt erklärtermaßen als »Befreier der Unterdrückten, Rächer der Enterbten, Beschützer von Witwen und Waisen« auf Tournee, die er unter das ironische Motto »Der Retter der Nation« stellt – und damit natürlich sich selber meint.

Schade eigentlich, dass aktuelle »Beschützer der Witwen und Waisen« näher an Otto dran sind als an Urukagina.

Der Kodex Hammurapi

Eine Sammlung von Gesetzen und Erlassen des babylonischen Königs Hammurapi (ca. 1600 v. Chr.)

Wenn jemand sein Feld für Ertragsabgabe zur Bestellung gibt und die Ertragsabgabe seines Feldes erhält, dann aber ein Unwetter eintritt und die Ernte vernichtet, so trifft der Schaden den Besteller.

Wenn jemand eine verzinsbare Schuld hat und ein Unwetter sein Feld verwüstet oder die Ernte vernichtet oder wegen Wassermangels Getreide auf dem Felde nicht wächst, so soll er in diesem Jahre dem Gläubiger kein Getreide geben, seine Schuldtafel aufweichen und Zinsen für dieses Jahr nicht zahlen.

Wenn jemand seinen Damm instand zu halten zu faul ist und ihn nicht imstande hält: Wenn dann in seinem Damm ein Riss entsteht und die Feldflur vom Wasser überschwemmt wird, so soll derjenige, in dessen Damm der Riss entstanden ist, das Getreide, das er zugrunde gerichtet hat, ersetzen.

Wenn er das Getreide nicht zu ersetzen vermag, so soll man ihn und seine Habe für Geld verkaufen, und die Bauern, deren Getreide das Wasser überschwemmt hat, sollen den Erlös teilen.

Wenn jemand eine Ehefrau nimmt, aber keinen Vertrag mit ihr abschließt, so ist dieses Weib nicht seine Ehefrau.

Wenn jemand einen andern im Streite schlägt und ihm eine Wunde beibringt, so soll er schwören: »Mit Wissen habe ich ihn nicht geschlagen« und den Arzt bezahlen.

Wird beim Einsturz Eigentum zerstört, so stelle der Baumeister wieder her, was immer zerstört wurde; weil er das Haus nicht fest genug baute, baue er es auf eigene Kosten wieder auf.

Wenn jemand ein Kind als Sohn annimmt und großzieht, so soll dieser Großgezogene nicht zurückverlangt werden können.

Wer Gegenstände, die er zur Beförderung übernommen hat, unterschlägt, hat dem Absender das Empfangene und das Fünffache zu erstatten.

Die meisten Erwähnungen des Kodex Hammurapi im Internet finden sich nicht auf den Seiten von Historikern oder Rechtswissenschaftlern – sondern bei den Brauern. Denn das Gesetzbuch des Königs und Reichsgründers von Babylon umfasst nicht zuletzt auch Regelungen zur Herstellung und zum Verkauf von Bier.

In den 282 Paragraphen sind die maximal zulässigen Preise ebenso festgelegt wie die einzuhaltende Stammwürze und insbesondere die Deputatmengen (Deputate = Diensteinkünfte insbesondere von Beamten, Lehrern, Priestern, etc. in Naturalien) für die einzelnen Bevölkerungsgruppen. So erhielten zum Beispiel normale Arbeiter zwei Liter Bier, Beamte erhielten drei Liter und Verwalter und Oberpriester sogar fünf Liter Bier täglich.

Da das Bierbrauen zu den häuslichen Tugenden gehörte, war es Frauensache. Bierpanscher wurden in ihren Fässern ertränkt oder so lange mit Bier zugeschüttet, bis sie erstickten. Die Wirtin, die sich ihr Bier nicht in Gerste, sondern in Silber bezahlen ließ, oder aber minderwertiges Bier teuer verkaufte, wurde »ins Wasser geworfen«, das heißt ertränkt.

Französische Archäologen gruben den Kodex Hammurapi, der in einen schwarzen, über zwei Meter hohen Dioritblock eingemeißelt ist, 1901 im Irak aus. Der in drei Teile zerborstene Block wurde aufwändig restauriert und steht heute im Louvre in Paris. König Hammurapi schuf mit seiner umfangreichen Gesetzessammlung das älteste vollständig erhaltene Rechtswerk der Menschheitsgeschichte.

Seine Regeln schreiben eine Art bürgerliches Handels- und Strafrecht fest: Es geht um Vorschriften für Gerichtsverhandlungen und Strafen für falsche Beschuldigungen, Falschaussagen, richterliche Ungerechtigkeit, ärztliche Kunstfehler und fahrlässige Körperverletzung, Gesetze über Eigentumsrechte, Darlehen, Spareinlagen, Schulden, Hauseigentum und Familie. Straftaten wurden von Hammurapi gemäß den altorientalischen Rechtsvorstellungen drakonisch nach dem Vergeltungsprinzip »Auge um Auge, Zahn um Zahn« gesühnt. Kam etwa ein freier Bürger durch eine dilettantische ärztliche Behandlung ums Leben, drohte dem Arzt die Amputation einer Hand.

Hart, aber gerecht regierte König Hammurapi. Und immer mit dem erklärten Ziel, dass »Gerechtigkeit im Lande sei, der Böse vernichtet werde und der Starke dem Schwachen nicht schade«.

Die »Zweiundvierzig Verneinungen«

(das »Negative Glaubensbekenntnis«)
aus dem Ägyptischen Totenbuch (ca. 1500 v. Chr.)

1. Ich habe nie als Gottloser gehandelt.
2. Ich habe nie grausame Gewalttaten verübt.
3. Mein Herz verabscheut die Rohheit.
4. Nie verübte ich Raub.
5. Den Mitmenschen habe ich wissentlich niemals geschadet.
6. Den Kornscheffel habe ich niemals vermindert.
7. Nie habe ich wissentlich Betrug verübt.
8. Nie habe ich geraubt, was den Göttern gehört.
9. Nie habe ich wissentlich gelogen.
10. Meinen Mitmenschen habe ich nicht ihre Nahrung entzogen.
11. Nie habe ich jemand verleumdet.
12. Nie bin ich streitsüchtig noch rechthaberisch gewesen.
13. Nie habe ich das den Tempeln gehörende Vieh getötet.
14. Nie habe ich begaukelt und beschwindelt die Menschen.
15. Nie nahm ich Äcker unbefugt mir.
16. An den Türen habe ich nie gelauscht.
17. Nicht habe ich durch zu viel Sprechen gesündigt.
18. Für einen an mir verursachten Schaden habe ich niemals die Menschen verwünscht.
19. Nie brach ich die Ehe.
20. Nie habe ich in der Einsamkeit aufgehört, Keuschheit zu wahren.
21. Nie habe ich unter den Menschen Furcht und Schrecken verbreitet.

22. Nie störte ich die Ordnung der Zeiten.
23. Nie gab ich dem Jähzorn nach.
24. Nie war ich taub dem Ruf der Gerechtigkeit.
25. Nie war ich zanksüchtig.
26. Nie war ich schuld, dass meine Mitmenschen Tränen vergossen.
27. Nie sündigte ich wider die Natur mit den Männern.
28. Nie erlag ich der Ungeduld.
29. Nie beleidigte, noch verhöhnte ich Menschen.
30. Nie suchte ich Streitigkeiten noch Schlägereien.
31. Nie handelte ich mit Übereile.
32. Nie fehle es mir vor den Göttern an Ehrfurcht.
33. In meinen Reden habe ich nicht durch Wortschwall gesündigt.
34. Nie handelte ich unehrlich, mit boshafter Absicht.
35. Nie habe ich den König verflucht.
36. Nie habe ich die Gewässer entweiht.
37. Meine Reden waren nie hochmütig.
38. Nie fluchte ich auf die Götter.
39. Ich war weder anmaßend noch übermütig.
40. Nie habe ich, um mich zur Geltung zu bringen, Ränke geschmiedet.
41. Ich habe mich nur auf erlaubte Weise bereichert.
42. Nie habe ich in meiner Stadt Götter missachtet.

DIE SUCHE NACH DER WAHRHEIT VOR GERICHT – sie ist nicht immer ganz leicht.

Außer vielleicht in manchen Hollywood-Filmen wie zum Beispiel »Meine Braut, ihr Vater und ich«. Darin beweist ein Beschuldigter seine Unschuld und vor allem, dass er nicht gelogen hat. Wie? Er wird an einen Lügendetektor (Polygraphen) angeschlossen. Und schon weiß jedermann, dass er die Wahrheit sagt.

In der Realität ist der Lügendetektor ein höchst unzuverlässiges Gerät. Denn seine Elektroden können keine Lügen messen, sondern nur körperliche Reaktionen: Blutdruck, Puls, Atmung und elektrische Hautleitfähigkeit. Aber auch wenn die Hände feucht werden, zeigt das nicht unbedingt eine Lüge an, sondern vor allem Stress. Deshalb ist ein Lügendetektortest in Deutschland als Beweismittel bei Strafprozessen nicht zugelassen.

Die Idee dahinter ist und bleibt natürlich faszinierend: über eine einzige, zuverlässige und fachlich anerkannte Methode zu verfügen, die klärt, ob ein Mensch die ihm vorgeworfenen Straftaten begangen hat.

Die alten Ägypter waren – im Gegensatz zu den heutigen Polygraph-Befürwortern – davon überzeugt, dass es nur den Göttern gegeben ist, die Wahrheit von der Lüge zu unterscheiden. Um die Verstorbenen auf das Totengericht vorzubereiten, gab man ihnen einen Papyrus mit einer Sammlung von Sprüchen mit ins Grab, die eigentlich »Buch des Herausgehens *(aus dem Grab; Anm. d. Autors)* bei Tag« hieß, heute jedoch gemeinhin das »Ägyptische Totenbuch« genannt wird.

Im Kapitel 125 finden sich die »Zweiundvierzig Verneinungen«, die der Verstorbene vor seinen göttlichen Anklägern aufsagen musste. Die Normen, um die es beim Totengericht ging, waren die des sozialen Lebens.

Zu lügen war dabei unmöglich. Denn die »Herzwägung« brachte alles an den Tag, und diese war schlimmer als jeder heutige Lügendetektortest: Während der Geist des Verstorbenen vor dem ihm zugewiesenen Richter 42-

mal leugnete, gesündigt oder Fehler begangen zu haben, lag sein Herz auf einer Waage und wurde gegen eine Figur der Wahrheitsgöttin abgewogen. Bei jeder Lüge würde die Waagschale mit dem Herzen sinken. Nahmen die Lügen am Ende überhand, tauchte ein Monstrum auf und verschlang das Herz. Die angeklagte Person verschwand unerlöst im Nichts.

Es war nicht zuletzt diese Vorstellung von einer Art letztinstanzlichem Lügendetektortest, die die Ägypter »ohne offenbartes Gesetz einen Staat und eine Gesellschaft von geradezu fabelhafter Stabilität« aufbauen ließ, die »weithin für ihre Weisheit, Gerechtigkeit und Frömmigkeit berühmt waren«, urteilt der Heidelberger Ägyptologe Prof. Jan Assmann.

Die Zehn Gebote

(um 1200 v. Chr.)

1. Gebot: Ich bin der Herr, dein Gott, der ich dich aus Ägyptenland, aus der Knechtschaft, geführt habe. Du sollst keine anderen Götter haben neben mir.

2. Gebot: Du sollst dir kein Bildnis noch irgendein Gleichnis machen, weder von dem, was oben im Himmel, noch von dem, was unten auf Erden, noch von dem, was im Wasser unter der Erde ist: Bete sie nicht an und diene ihnen nicht! Denn ich, der HERR, dein Gott, bin ein eifernder Gott, der die Missetat der Väter heimsucht bis ins dritte und vierte Glied an den Kindern derer, die mich hassen, aber Barmherzigkeit erweist an vielen Tausenden, die mich lieben und meine Gebote halten.

3. Gebot: Du sollst den Namen des Herrn, deines Gottes, nicht missbrauchen; denn der Herr wird den nicht ungestraft lassen, der seinen Namen missbraucht.

4. Gebot: Gedenke des Sabbattages, dass du ihn heiligest. Sechs Tage sollst du arbeiten und alle deine Werke tun. Aber am siebenten Tage ist der Sabbat des Herrn deines Gottes. Da sollst du keine Arbeit tun, auch nicht dein Sohn, deine Tochter, dein Knecht, deine Magd, dein Vieh, auch nicht dein Fremdling, der in deiner Stadt lebt. Denn in sechs Tagen hat der HERR Himmel und Erde gemacht und das Meer und alles, was darinnen ist, und ruhte am siebenten Tage. Darum segnete der HERR den Sabbattag und heiligte ihn.

5. Gebot: Du sollst deinen Vater und deine Mutter ehren, auf dass du lange lebest in dem Lande, das dir der Herr, dein Gott, geben wird.

6. Gebot: Du sollst nicht töten.

7. Gebot: Du sollst nicht stehlen.

8. Gebot: Du sollst nicht ehebrechen.

9. Gebot: Du sollst nicht falsch Zeugnis reden wider deinen Nächsten.

10. Gebot: Du sollst nicht begehren deines Nächsten Haus. Du sollst nicht begehren deines Nächsten Weib, Knecht, Magd, Rind, Esel noch alles, was dein Nächster hat.

Ein hoher Sockel, darum tanzen Menschen, und oben auf dem Podest ein amerikanischer Superwagen, ein Götze unseres technischen Zeitalters. Unter dem Bild steht: »Verdammt Boys, Moses kommt …«

Gebote – das bedeutet: Schluss mit lustig. Bevormundung. Einschränkung. So jedenfalls legte es das hier beschriebene »Spiegel«-Titelcover nahe.

Du sollst, du musst … Gebote genießen heutzutage einen denkbar schlechten Ruf. Auch die Zehn Gebote der Bibel.

»Christ sein – das ist, was man nicht tun darf«, schrieb ein junges Mädchen in einem Schulaufsatz zur Frage, was es sich unter einem Christen vorstelle. Vielleicht hatte die Schülerin dabei auch den Hollywood-Monumentalfilm »Die Zehn Gebote« vor Augen: Die Israeliten tanzen ausgelassen um das Goldene Kalb – da steigt Charlton Heston als Moses vom Gottesberg Sinai herab, zwei steinerne Tafeln mit Gesetzen und Geboten in der Hand, und schon ist die Party vorbei.

»Die Geburt des Spießers auf dem Sinai«, nannte Friedrich Nietzsche den »Erlass« der Zehn Gebote durch Moses.

Weniger zynisch, aber ebenso verständnislos stehen Comedians und Witzemacher den Zehn Geboten gegenüber: »Schwerbeladen mit zwei steinernen Tafeln kommt Mose vom Berg Sinai zurück. Voller Erwartung sehen ihm die Männer Israels entgegen. »Ich habe eine gute und eine schlechte Nachricht für euch«, begrüßt Mose sie und fragt dann: »Welche wollt ihr zuerst hören?«

»Die Gute!«, rufen sie.

»Also, ich habe ihn auf zehn runterhandeln können.« Allgemeiner Jubel. »Und nun die Schlechte: Ehebruch ist immer noch strafbar.«

Solche harmlos-launigen Gags eignen sich immerhin noch dazu, die eine oder andere Sonntagspredigt über die Zehn Gebote einzuleiten.

Wenn sie überhaupt noch ein Thema sind.

»Während der achtzehn Jahre als Pfarrer meiner jetzigen Gemeinde habe ich ungefähr 2500-mal gepredigt, aber nicht ein einziges Mal über die Zehn Gebote«, bekennt der US-Pastor Jozsef Farkas. »Ich habe ungefähr 50-mal über fortlaufende Texte gesprochen, jeweils eine Woche zu einem bestimmten Thema, aber die Zehn Gebote kamen nie dran.«

Warum nicht?

Farkas gibt die Antwort selbst: Weil es »meine Grundüberzeugung (ist), dass wir von einer christlichen Kanzel Jesus verkündigen müssen, nicht das Gesetz.«

Das heißt im Klartext nichts weniger als: In unserer individualisierten Spaßgesellschaft werden die Zehn Gebote nicht nur übertreten – das hat es zu allen Zeiten gegeben –, sondern ihre Geltung selbst wird bestritten.

Ist das »Grundgesetz der Welt«, wie man die Zehn Gebote manchmal genannt hat, in einer Welt ohne Gott total von gestern?

Nach Auffassung der frommen Juden und Christen führte Moses um 1250 v. Chr. die Israeliten aus der ägyptischen Sklaverei ins Gelobte Land. Während der 40-jährigen Wanderung durch die Wüste erhält er auf dem Berg Sinai zwei von Gott selbst beschriebene Tafeln mit den Zehn Geboten.

Bibelwissenschaftler glauben, dass die Gebote erheblich älter sind, sich im Leben der jüdischen Stämme herausgebildet haben und schließlich mit göttlicher Autorität versehen wurden. Wann und von wem sie in dieser Zehnerzahl und Formulierung zusammengestellt wurden, ist nicht bekannt. In schriftlicher Form existieren die beiden entsprechenden Texte des Alten Testaments (Exodus 20, 2–17 und Deuteronomium 5, 6–21) wohl erst seit dem achten vorchristlichen Jahrhundert. Die Tatsache, dass es schon in der Bibel zwei verschiedene, leicht voneinander abweichende Fassungen der Zehn Gebote gibt, scheint den kritischen Forschern Recht zu geben.

Mithin geht es nicht um Wortwörtlichkeit, sondern um die Sinnrichtung.

Und die zielt in allererster Linie nicht auf lebensbehindernde Verbote, sondern auf die Freiheit. »Die Gesetze sollten bewirken, dass das Volk frei bleibt«, schreibt der Journalist Toni Meissner in seiner engagierten Moralanalyse »Moses, hol die Tafeln ab!«: »Denn Gesetzlichkeit bedeutet immer Freiheit, das Gegenteil kann nur das Recht des Stärkeren sein. Aus dem Kampf aller gegen alle entsteht Chaos, und bald ertönt der Ruf nach dem starken Mann. Hier haben wir dann den Sumpfboden, aus dem Diktaturen wachsen.«

Tatsache ist, dass die Zehn Gebote in sehr engem Zusammenhang mit der neu gewonnenen Freiheit des Volkes Israel standen: Die sesshaft gewordenen freien Söhne Israels sollten gegenseitig ihre Lebensgrundlagen respektieren.

Darüber hinaus bedeuteten sie einen großen Schritt voran in der Zivilisationsgeschichte. Denn im Lauf der jüdischen und christlichen Geschichte wurden die Zehn Gebote von ihrem Grundanliegen her auf den Schutz aller Menschen hin geöffnet.

»Gewiss würde ein Moses unserer Tage anders formulieren«, ist Toni Meissner denn auch überzeugt. »Trotzdem kann kein Zweifel daran bestehen, dass dem Dekalog heute wie damals eine den Menschen bändigende, eine versittlichende Kraft innewohnt.«

Die muss auch Altkanzler Willy Brandt gespürt haben, der 1961 als Regierender Bürgermeister von Berlin den Politiker und Pfarrer Heinrich Albertz mit folgenden Worten in die Pflicht nahm, Innensenator und damit auch oberster Chef der Polizei zu werden: »Du kennst wenigstens die Gebote.«

»Wir können nicht so weiterleben und die Bibel und die in ihr enthaltenen Gesetze ignorieren«, überraschte 1991 sogar die russische Literaturzeitschrift »Literaturnaja Gaseta« ihre Leser mit einer Serie über die Zehn Gebote. Im Vorspann hieß es, die russische Gesellschaft habe unter der sowjetischen Regierung die ethische Orientierung verloren, weil die »moralischen Grundsätze, die Zehn Gebote, längst vergessen sind«.

Auch wenn viele sich »modern« dünkende Schäfchen nicht einmal mehr dagegen meckern, sondern sich gleich abwenden – indiskutabel und unannehmbar sind die Zehn Gebote also auch heute keineswegs.

Du sollst, du musst ...? Nicht unbedingt, denn die Sprache der Bibel hat die gleiche Eigenart wie das Englische, wo »You shall not« sowohl »Du sollst nicht ...« als auch »Du wirst nicht ...« bedeuten kann. Manche Theologen betonen daher, dass eine korrekte Übersetzung der Zehn Gebote genau genommen lautet: »Du wirst nicht töten, du wirst nicht stehlen ...« Und zwar nicht aus Angst vor Strafe, sondern weil die Adressaten als freie Menschen selbst davon überzeugt sind, dass immer noch besser lebt, wer mit sich im Reinen ist.

Interessanterweise ist im hebräischen Urtext auch gar nicht von »Geboten« die Rede, sondern nur von Worten, von Weisungen (»debarim«). Auch das griechische Wort »Dekalog« meint nichts weiter als »zehn Worte«. Es geht also »nicht um Gebote, die in Gefahr sind, statisch und stur zu werden«, folgert der Schweizer Priester und Theologe Pierre Stutz – »sondern um Herzensworte, die dynamisch immer neu vertieft und verinnerlicht werden möchten.«

Wie – dazu gibt Stutz (»Herzensworte – Die 10 Gebote für das Leben«, Rex-Verlag) diese Anregung:

- »Die ersten beiden Worte ermutigen uns, in Beziehung zu treten zu Gott, zu uns selber, zu den anderen, zu unserer Mitwelt. Dabei geht es um die Frage, was wirklich wesentlich ist im Leben, und die Herausforderung, all die Bilder, die wir uns von uns selber, von anderen und von Gott machen, immer wieder loszulassen. Nicht ein für alle Mal, sondern jeden Tag neu. Toleranz und Weite werden die Früchte dieser Worte sein.
- Das dritte Wort enthält die höchst aktuelle Ermutigung zum Sabbat, zum Innehalten, zur Brachzeit im Leben. Es ist das Geschenk der jüdischen Religion an die ganze Menschheit, um zu erahnen, dass wir viel mehr sind als unsere Leistung.
- Im vierten Wort werden wir aufgefordert, uns mit unseren Wurzeln auseinander zu setzen. Das Ehren der Eltern ist viel mehr als ein Erziehungsdruckmittel. Es beinhaltet die Lebensweisheit, dass wir nie aus unserer Geschichte aussteigen können.
- Du wirst nicht morden, heißt es im fünften Wort. Heute finden weltweit 45 Kriege statt, sie warten auf diese Friedensworte.
- Das sechste Wort nimmt unsere Sehnsucht nach Treue ernst. Die Versöhnung zwischen Sexualität und Spiritualität ist angesagt.
- Im siebten Wort geht es um viel mehr als um das Naschen. Es geht um Menschenraub, wie er sich leider bis heute durch Kinderprostitution, Sklaven, Terrorismus ausbreitet.

- Das achte Wort hält die Würde eines jeden Menschen hoch, damit kein Rufmord geduldet wird. Ehrlichkeit und Authentizität sind zentrale spirituelle Grundwerte.
- Im neunten und zehnten Wort verdichtet sich nochmals das Grundanliegen der Herzensworte: Wer gut mit sich, seiner Geschichte, seiner Mitwelt umgeht, der kann seinen Neid verwandeln lassen.«

Die Zehn Gebote waren also nie und sind kein Diktat Gottes, sondern »die Spielregeln des Paradieses« *(zit. nach www.basisreligion.de)*.

Die Goldene Regel

(seit 620 v. Chr.)

Was du nicht willst, das man dir tu,
das füg auch keinem anderen zu.

SOGAR IN DEN »GRUNDSÄTZEN der eBay-Gemeinschaft« taucht sie auf:

»Wir ermutigen Sie, andere so zu behandeln, wie Sie selbst behandelt werden möchten«, steht auf der Webseite des bekannten Internet-Auktionshauses zu lesen. Was nichts anderes ist als eine der zahllosen Variationen der »Goldenen Regel«.

Philosophen geben zu bedenken, dass »aufgrund ihrer allgemeinen Formulierung die konkrete Auslegung der Goldenen Regel durchaus nicht einfach« sei. Denn das erstrebenswert Gute dürfte von jedem Einzelnen subjektiv und damit sehr unterschiedlich definiert werden.

Pragmatisch betrachtet dürfte das Prinzip dahinter mit »Wie man in den Wald hineinruft, so schallt es heraus« aber hinreichend umschrieben sein.

Wer dieses markante Lebensmotto wann und wo zum ersten Mal formulierte, verliert sich im historischen Dunkel. Sinngemäß findet sich die Goldene Regel seit Jahrtausenden in vielen Religionen und Kulturen, zum Beispiel

- »Was alles dir zuwider ist, das tue auch nicht anderen an.« (*Shayast-na-Shayast* 13, 29, ein Buch der monotheistischen Religion des Zoroastrismus im Gebiet des heutigen Iran, 1. Jahrtausend v. Chr.)
- »Du sollst deinen Nächsten lieben wie dich selbst.« (*Leviticus* 19, 18, *Exodus* 20, 2–17 und *Deuteronomium* 5, 6-21, 9–6. Jahrhundert v. Chr.)
- »Was immer du deinem Nächsten verübelst, das tue ihm nicht selbst.« *(Pittakos von Mytilene,* einer der Sieben Weisen der griechischen Antike, 620 v. Chr.)
- »Verletze nicht andere auf Wegen, die dir selbst als verletzend erschienen.« (*Udana-Varga* 5, 18, Buddhismus, 6. Jahrhundert v. Chr.)
- »Tue anderen nicht, was du nicht möchtest, dass sie dir tun.« (*Analekte* 15, 23, Konfuzianismus, 500 v. Chr.)
- »Ein Wort, das als Verhaltensregel für das Leben gelten kann, ist Gegenseitigkeit. Bürde anderen nicht auf, was du selbst nicht erstrebst.« (*Lehre vom mittleren Weg* 13, 3, Konfuzianismus, 500 v. Chr.)
- »Daher übt er (der Weise) keine Gewalt gegen andere, noch heißt er andere so tun.« (*Acarangasutra* 5, 101 bis 102, Jainismus, 500 v. Chr.)
- »Füge anderen nicht Leid durch Taten zu, die dir selber Leid zufügten.« (Buddhismus, 500 v. Chr.)
- »Tue anderen nicht an, was dich ärgern würde, wenn andere es dir täten.« (*Sokrates*, 5. Jahrhundert v. Chr.)
- »Soll ich mich andern gegenüber nicht so verhalten, wie ich möchte, dass sie sich mir gegenüber verhalten?« (*Platon*, 400 v. Chr.)

- »Man soll sich nicht auf eine Weise gegen andere betragen, die einem selbst zuwider ist. Dies ist der Kern aller Moral. Alles andere entspringt selbstsüchtiger Begierde.« (*Mahabharata, Anusasana Parva* 113, 8; Mencius Vii, A, 4, Hinduismus, 4. Jahrhundert v. Chr.)
- »Was du nicht leiden magst, das tue niemandem an.« (*Buch Tobit, Judentum*, 200 v. Chr.)
- »Dies ist die Summe aller Pflicht: Tue anderen nichts, das dir Schmerz verursachte, würde es dir getan.« (*Mahabharata* 5, 1517, Hinduismus und Brahmanismus, 150 v. Chr.)
- »Alles, was ihr für euch von den Menschen erwartet, das tut ihnen auch.« (*Matthäus* 7, 12, Christentum, 1. Jahrhundert n. Chr.)
- »Was du selbst zu erleiden vermeidest, suche nicht anderen anzutun.« *Epiktet*, griechischer Philosoph, 1. Jahrhundert)
- »Was dir selbst verhasst ist, das tue nicht deinem Nächsten an. Dies ist das Gesetz, alles andere ist Kommentar.« (*Talmud*, Shabbat 31a, Judentum, 2. Jahrhundert)
- »Allen Menschen das zu tun, was du wünschest, selbst dir getan zu haben, und anderen das nicht zu tun, was du auch dir selbst nicht tun wolltest.« (Mohammed, Islam, 6. Jahrhundert)
- »Niemand von euch ist ein Gläubiger, bevor er nicht für seinen Bruder wünscht, was er für sich selbst begehrt.« (*Hadith*, Islam, 9. Jahrhundert)
- »Handle so, dass die Maxime deines Willens jederzeit zugleich als Prinzip einer allgemeinen Gesetzgebung gelten könne.« (*Immanuel Kant*, 1788)

- »Und wenn du deine Augen auf die Gerechtigkeit wendest, so wähle für deinen Nächsten dasjenige, was du für dich selbst erwählet hast.« (*Brief an den Sohn des Wolfs der Bahá'í*, einer humanitär-aufklärerischen abrahamitischen Religion mit weltweiter Verbreitung, 19. Jahrhundert)
- »Wünsche er nicht anderen, was er nicht für sich selbst erwünschet.« (*Bahá'í*, um 1870)
- »Was du nicht willst, das man dir tu, das füg auch keinem andern zu.« (Die Goldene Regel wurde in dieser Formulierung 1997 Teil der »Allgemeinen Erklärung der Menschenpflichten« des Inter Action Council, einer 1983 vom ehemaligen japanischen Premierminister Takeo Fukuda gegründeten losen Verbindung früherer Staats- und Regierungschefs)
- »Tue nichts, was du nicht möchtest, dass man dir tun soll.« (British Humanist Society, Humanismus, 1999)

Heute hat die Goldene Regel Sprichwortcharakter angenommen. Es gibt »Goldene Regeln für E-Mails«, »Goldene Regeln für Migräne-Patienten« und sogar »Goldene Regeln der Nachlassplanung«.

Das mag einem inflationär erscheinen.

Andererseits fordern alle diese »Goldenen Regeln« – die trivialen wie die hoch ethischen – zu aktivem Handeln und/oder Unterlassen auf.

Und das ist wohl grundsätzlich positiv zu werten.

Die drei Schätze des Lao-Tse

(ca. 600 v. Chr.)

Ich habe drei Schätze, die ich hüte und hege:

Der eine ist die Liebe.
Der zweite ist die Genügsamkeit.
Der dritte ist die Demut.

Nur der Liebende ist mutig, nur der Genügsame ist großzügig, nur der Demütige ist fähig zu herrschen.

MÖGLICHERWEISE HAT ES LAO-TSE NIE GEGEBEN.

»Lao-Tse« ist eigentlich ein Ehrentitel und bedeutet so viel wie »Alter Sohn«. Die Existenz einer konkreten Person namens Lao-Tse ist historisch nicht fassbar, und bei dem ihm zugeschriebenen Hauptwerk »Tao te king« handelt es sich um eine Kompilation von Schriften aus mehreren Jahrhunderten.

Die Gründergestalt des Taoismus ist also mehr als legendenumwoben. Nach der chinesischen Überlieferung soll Lao-Tse im 6. Jahrhundert v. Chr. gelebt haben. Sein »Buch vom Tao und seinem Wirken« umschreibt in 81 Kapiteln den Begriff »Tao«, der jedoch an keiner Stelle genau definiert wird, so dass der eigentliche Sinn des »Tao te king« verschwommen bleibt.

»Tao« meint jedenfalls keine Gottheit, sondern ist überaus vieldeutig und zum Beispiel mit »Weg«, »Welturgrund«, »Ursprung«, »Gesetz aller Gesetze«, »das Absolute« oder auch »Vernunft« zu übersetzen.

Auch die »drei Schätze« des Lao-Tse im 67. Kapitel des »Tao te king« sind immer wieder unterschiedlich ins Deutsche übertragen worden:

»Der erste heißt: Barmherzigkeit,
der zweite heißt: Genügsamkeit,
der dritte heißt: nicht wagen, im Reich voran zu sein.
Barmherzigkeit, darum kann ich kühn sein,
Genügsamkeit, darum kann ich ausgeben,
nicht wagen, im Reich voran zu sein, darum kann ich der Beamten Herr sein.«

Oder:

»Ich habe drei Schätze, die halte ich fest:
der erste – Mitleid,
der zweite – Sparsamkeit,
der dritte – Angst, sich vorzudrängen.

Wer Mitleid fühlt, kann mutig sein, wer sparsam ist, kann freigiebig sein, wer sich nicht vordrängt, kann aller Wesen Erstes sein. Wer mitleidlos, doch mutig ist, nicht sparsam, doch freigiebig ist, wer sich vordrängt, statt sich hinten anzustellen, der stirbt.«

Wie auch immer: Die verschiedenen Fassungen des »Tao te king« begründeten eine Gegenposition zum Konfuzianismus. Nicht der Mensch (und sein striktes Befolgen äußerer Riten) ist das Maß aller Dinge, sondern er hat sich in die natürlichen Abläufe des Kosmos zu integrieren. Das »Tao« stellt gewissermaßen ein immanentes Weltgesetz dar, das Gesetz der Natur, das dem fließenden Wasser gleicht. Mithin können wir das Tao nur erfühlen und uns seines Wirkens innewerden, wenn wir demütig und hingebungsvoll die Natur betrachten.

Der Taoismus war ursprünglich eine chinesische Philosophie, die sich später auch zu einer Volksreligion entwickelte. Taoistisches Moraldenken ist ein Denken ohne Gebote: »Der echte Mensch folgt seinem innersten Gesetz und keinem äußeren Gebot. Er hält sich an den Quell und nicht an die Abwässer. Er meidet diese. Und sucht immer das Ursprüngliche« (Lao-Tse).

Anders gesagt: »Den taoistischen Weisen lassen Regeln und Gesetze kalt. Er handelt in scheinbarer Missachtung von Ethik oder Moral«, erklärt der amerikanische Taoist und Autor Jos Slabbert: »Er macht sich keine Gedanken darüber, ob etwas für die Gesellschaft annehmbar ist, bevor er handelt. Er lebt ein spontanes Leben. Er folgt seinen natürlichen Regungen und doch sind diese so tugendhaft, in so vollständiger Harmonie mit dem Tao, dass er ein Leben der höchsten moralischen oder ethischen Ordnung zu leben vermag. Aber er tut dies unbewusst und ohne eine Spur von Künstlichkeit.«

Die fünf Tugenden des Buddha

(um 500 v. Chr.)

Ich will mich bemühen,
keine Lebewesen zu töten oder zu verletzen,
Nichtgegebenes nicht zu nehmen,
keine unheilsamen sexuellen Beziehungen zu pflegen,
nicht zu lügen oder unheilsam zu reden,
mir nicht durch berauschende Mittel das Bewusstsein zu trüben.

Gebote gibt es im Buddhismus nicht – auch wenn die »Fünf Silas« hin und wieder mit »Fünf Gebote« übersetzt und dabei sprachlich in die Form der christlich-jüdischen Gebote gebracht werden. Zum Beispiel so:

1. Du sollst nicht töten.
2. Du sollst nicht stehlen.
3. Du sollst dich nicht auf geschlechtliche Verfehlungen einlassen.
4. Du sollst nicht die Unwahrheit sagen.
5. Du sollst nicht berauschende Getränke trinken.

Doch die Fünf Silas (»Sila« = »Sittlichkeit«, »Tugend«) sind keine »Du sollst nicht …«-Regeln, sondern Vorsätze im Sinne einer grundsätzlichen Richtschnur zur Bewertung des eigenen Handelns.

Der Buddhist legt sich mehr oder weniger freiwillig die Beachtung dieser sittlichen Orientierungspunkte auf. »Mehr oder weniger« deswegen, weil die buddhistische Lehre von einem eigendynamischen Zusammenhang von Ursache und Wirkung ausgeht: Der Mensch ist zu jedem Zeitpunkt verantwortlich für sein Ergehen, weil sein Verhalten unausweichlich Wirkungen zeitigt – was sich unter anderem in der Lehre vom »Karma« und der Wiedergeburt (Reinkarnation) äußert.

Sie beruht auf der Annahme, die Seele eines Menschen löse sich im Tode vom Körper und werde gleichzeitig – oder zu einem späteren Zeitpunkt – in einem anderen Körper wiedergeboren. Wann aber kommt das »Samsara«, das Rad des Lebens, zum Stillstand? Erst dann, wenn die Auswirkungen früherer Taten abgetragen sind und der Gläubige den Zustand des Erwachens und der wahren Einsicht in den Charakter der Wirklichkeit erreicht hat.

Der Kern der Lehre des Buddha besteht in der Erkenntnis, dass das Leiden des Menschen im umfassenden Sinne durch Anhaften, Gier, Festhaltenwollen und durch die Illusion verursacht wird, die Welt sei nicht vergänglich und könne »gegriffen« und festgehalten werden. Alles Leiden entspringt aus der Frustration dieser Gier, denn die Welt ist vergänglich und alles in ihr ist in stetem Werden und Vergehen begriffen.

Diese Lehre ist im Wesentlichen eine psychologische Erkenntnisphilosophie und bedarf keines Gottglaubens. Erst im Laufe seiner Geschichte wurde der Buddhismus zu einer Kultreligion, unter anderem dadurch, dass der Buddha selbst Verehrung genoss und dass zahlreiche kultorientierte Religionen in Ostasien vom Buddhismus integriert wurden.

Der Buddha – sein Name war Siddhattha (sanskrit: Siddhartha), sein Familienname Gotama (sanskrit: Gautama) – lebte im 6. Jahrhundert v. Chr. Zeitrechnung in Nordindien. Sein Vater war Herrscher des Königreichs der Sakyas (im heutigen Nepal). Mit 29 Jahren, bald nach der Geburt seines einzigen Sohnes Rahula, verließ Siddhartha sein Königreich und wanderte sechs Jahre lang durch das Tal des Ganges, traf religiöse Lehrer, studierte, folgte ihren Systemen und Methoden und unterwarf sich selbst strengen asketischen Übungen. Da ihn all dies nicht befriedigte, gab er die überlieferten Religionen und ihre Methoden auf und ging seinen eigenen Weg.

Nach der Überlieferung erreichte Siddhartha in seinem 35. Lebensjahr die vollkommene Erleuchtung, nach der er als der Buddha – der Erleuchtete – bekannt wurde. Im Alter von 80 Jahren starb der Buddha in Kusinara (im heutigen indischen Bundesstaat Uttar Pradesh).

In den Medien wird der Buddhismus als »Religion 2000« oder »Trendreligion des 21. Jahrhunderts« charakterisiert. Viele Menschen blicken auf den Buddhismus als spirituelle Alternative, als einen Hafen innerer Ruhe und äußeren Friedens.

Aus dem »Buch der Riten« des Konfuzius

(ca. 490 v. Chr.)

Milde und Güte sind die Wurzeln der Menschlichkeit.

Achtung und Rücksicht sind ihr Boden.

Nachsicht und Toleranz sind ihr Handeln.

Bescheidenheit und Verbindlichkeit sind ihr Können.

Sitte und Höflichkeit sind ihre Haltung.

Reden und Ausdruck sind ihr Schmuck.

Lieder und Musik sind ihr Wohlklang.

Teilen und Schenken sind ihr Wirken.

IN DER »HARALD SCHMIDT SHOW« bei Sat.1 avancierten sie schnell zur Kult-Rubrik: »Die Weisheiten des Konfuzius«, sehr frei nach dem chinesischen Philosophen und in sehr gebrochenem Deutsch vorgetragen von den beiden Kölner Restaurantinhabern Li und Wang.

»Konfuzius steht heute weltweit wieder hoch im Kurs«,

liest man auch bei »Konfuzius.Net« im World Wide Web: »Sei es, dass man den wirtschaftlichen Erfolg der ostasiatischen Tigerstaaten auf ihn zurückführt, sei es, dass man ihn im Angesicht zunehmender Zweifel an westlichen Lebensweisen als alternative Quelle von Lebensweisheit und sozialer Ordnung heranzitiert.«

Tatsächlich betrieb Konfuzius (551–479 v. Chr.) keine Metaphysik, keine Spekulationen darüber, was die Welt im Innersten zusammenhält. Sondern er beschäftigte sich damit, wie die Menschen ihren Alltag sinnvoll ordnen und gestalten sollten – und er selbst ging mit denkbar bestem Beispiel voran: »Als ich fünfzehn war, war mein ganzer Wille auf das Lernen gerichtet«, soll er gesagt haben. »Mit dreißig stand ich fest im Leben. Mit vierzig war ich nicht mehr verwirrt. Mit fünfzig hatte ich den Willen des Himmels erkannt. Mit sechzig klang meinem Ohr alles angenehm. Mit siebzig folgte ich den Wünschen meines Herzens, ohne dabei die Regeln zu brechen.«

Dieser Selbstbezug ist zugleich ein typisches Kennzeichen des konfuzianischen »Edlen«, den der Sohn eines verarmten Adligen so definierte: »Der Edle stellt Anforderungen an sich selbst, der Gemeine stellt Anforderungen an die anderen Menschen.«

Zunächst als freischaffender Lehrer tätig, wurde Konfuzius später Beamter und in seinem fünften Lebensjahrzehnt sogar Justizminister im Fürstentum Lu in der heutigen Provinz Schantung. Der Überlieferung nach soll sein bloßer Auftritt die Verbrecher aus ihren Schlupfwinkeln gejagt und das Volk zur Rechtschaffenheit veranlasst haben – so Ehrfurcht gebietend seien die von ihm gelehrten und gelebten Grundsätze einer gerechten Regierung gewesen. Dreihundert Jahre nach seinem Tod erhob die Han-Dynastie den Konfuzianismus zu einer Art Staatsreligion und ließ Konfuzius gottähnliche Verehrung zuteil werden.

Wie Sokrates und Buddha hat Konfuzius keine Schriften hinterlassen. Ihm zugeschrieben werden unter anderem die so genannten Fünf Klassiker, von denen im Westen heute das »I Ging« (Buch der Wandlungen) am bekanntesten ist.

Zu den »Fünf Klassikern« zählt aber auch das »Buch der Riten« (Li Gi, gesprochen »L jì«). Es beschreibt soziale Verhaltensweisen, alte Rituale und Hofzeremonien, Vorschriften der Etikette, Sitten und Bräuche. Das Li Gi hat die Gestaltung der Gesellschaft Chinas, Japans und Koreas nachhaltig beeinflusst – noch bis ins Jahr 1904 hinein gehörte es zum Kern der Beamtenausbildung in China.

Möglicherweise nicht zuletzt wegen Lehren wie dieser: »Wenn ein Mann von allen gehasst wird, muss man die Gründe dafür überprüfen. Wenn ein Mann von allen geliebt wird, muss man das auch überprüfen.«

Die Tugenden des Sokrates

(ca. 430 v. Chr.)

TAPFERKEIT

WAHRHEIT

FRÖMMIGKEIT

GERECHTIGKEIT

DEN GRIECHISCHEN PHILOSOPHEN SOKRATES (470–399 v. Chr.) auf vier benennbare Tugenden festzulegen, ist zugegebenermaßen gewagt. Denn der Athener hat keine Schriften verfasst und über den konkreten Inhalt seiner nur mündlich weitergegebenen Ideen ist nur das bekannt, was sein Schüler Platon in seinen Werken darlegt.

Dennoch sei an dieser Stelle der Versuch unternommen. Denn »der Heilige der Philosophen« darf in einem Kompendium der ethischen Universalien unmöglich fehlen.

Sokrates‘ Gedanken kreisten nämlich vor allem um das Thema der »areté«, einen Zentralbegriff der antiken Philosophie, der nur unzulänglich mit dem deutschen Wort »Tugend« wiedergegeben werden kann. Sokrates verstand darunter vielmehr eine prinzipielle Lebenshaltung, die den Menschen befähigt, »richtig« zu handeln. Diese moralische Vollkommenheit könne aber erst nach erlangter Selbsterkenntnis eintreten, weshalb Sokrates forderte: »Erkenne dich selbst!«

Tugend bedeutete für den Athener also erst einmal »Wissen«. Und weil jeder Mensch zur Tugend geeignet (weil zur Erlangung der Weisheit) befähigt sei, könne auch jeder lernen, wissend und gut zu werden und dieses theoretische Wissen in Form von sittlichem Handeln in die Praxis umzusetzen. Der deutsche Philosoph Karl Jaspers sagte einmal: »Sokrates dachte, der Mensch kann nicht wissentlich Unrecht tun.« Denn derjenige, der das Gute kennt, müsse auch danach handeln.

Naiv? Man mag es heute so nennen. Und doch war Sokrates kein Schwärmer, sondern stand in den griechischen Feldzügen von Poteidaia, Delion und Amphipolis als schwer bewaffneter Soldat und im Berufs- und Privatleben als Steinmetz, Ratsherr und Vater dreier Kinder seinen Mann.

Wieso können wir davon ausgehen, dass Sokrates‘ Bemühen um philosophische Einsicht in das Wesen der Tugenden ganz zentral die Tapferkeit, die Wahrheit, die Frömmigkeit und die Gerechtigkeit zu Tage beförderte?

- In einer Zeit des politischen Niedergangs seiner Heimatstadt nach einem verlorenen Krieg und großer Verunsicherung der Bevölkerung wurde der Denker 399 wegen Gotteslästerung und Verführung der Jugend angeklagt und zum Tod verurteilt. In seiner berühmten Verteidigungsrede (von Platon authentisch festgehalten) wies er den Vorwurf des Religionsfrevels weit von sich und erklärte: »Gut« zu handeln bedeute einfach, nichts zu tun, was die Götter gegen einen aufbringen konnte: Frömmigkeit.

- Sokrates hätte sein Leben retten können, wenn er bereit gewesen wäre, die Anklage als berechtigt anzuerkennen oder vor der Vollstreckung geflohen wäre, wie es ihm von guten Freunden nahe gelegt wurde. Aber das große Vorbild vieler Philosophen weit über die Antike hinaus betrachtete die Flucht als Tat des politischen Unrechts gegenüber dem Rat der Athener Bürger. Die Anklage als berechtigt anzunehmen, kam ebenso wenig in Frage. Sokrates hielt die Wahrheit für wichtiger als sein Leben: Tapferkeit und Wahrheit.
- Er wolle lieber Unrecht erleiden als ein Unrecht zu begehen, soll Sokrates gesagt haben. Denn Ungerechtigkeit ist unter allen Umständen zu meiden, und sei es um den Preis des eigenen Lebens. Denn der Verlust des Lebens könne nur die körperliche Integrität beeinflussen; die Ungerechtigkeit aber verschlechtere die Seele. Die Seele sei ihrerseits »wertvoller« als der Körper, und somit sei primär auf die Gerechtigkeit des eigenen Handelns und nicht auf den Schutz des bloßen Lebens zu achten: Gerechtigkeit.

Bis heute machen die Gradlinigkeit seines Denkens und Lebens und seine unablässige Wahrheitssuche die Faszination dieses Philosophen aus.

Schüler des Gymnasiums Canisianum in Lüdinghausen haben im Griechischunterricht »Regeln für ein philosophisches Leben nach Art des Sokrates von Athen« formuliert. Darin heißt es unter anderem:

Rede viel mit anderen Leuten über das, was sie denken und tun.
Stelle Fragen und prüfe die Antworten.
Gib dich nicht mit unzureichenden Antworten zufrieden.
Suche nach absoluten Normen für die Gestaltung des Lebens.
Rücke die Frage nach dem richtigen Handeln in den Mittelpunkt deines Lebens.
Sei gerecht, tapfer und fromm.
Erkenne das Gute und handle dementsprechend.
Folge immer der Wahrheit bzw. dem, was richtig ist.
Sei immer gelassen, auch wenn es um Leben und Tod geht.
Rege alle Menschen dazu an, mit dir nach der Wahrheit zu suchen.
Handle nicht anders als du redest.

Die vier Kardinaltugenden nach Platon

(ca. 360 v. Chr.)

WEISHEIT

GERECHTIGKEIT

TAPFERKEIT

MÄSSIGUNG

WIE SCHON IM VORIGEN KAPITEL gesagt war es Platon (427–348 v. Chr.), der die Erkenntnisse seines Lehrers Sokrates in szenischen Frage- und Antwortspielen herausarbeitete und »Dialoge« nannte.

Und gleich mehrfach wird in Platons Dialogen Sokrates eine Frage zugeschrieben, die er in »Der Staat« (Politeia) so formuliert: »Denn es ist nicht von etwas Beliebigem die Rede, sondern davon, auf welche Weise man leben soll.«

Mit der Frage, wie man leben soll oder wie zu leben gut ist, leitete Sokrates nach Platons Auffassung die Philosophie im eigentlichen Sinne ein. Kein Wunder also, dass auch in Platons Frühdialogen die Frage nach dem guten Leben im Mittelpunkt steht und sein Philosophieren insgesamt an ihr orientiert ist.

Das ist einerseits prima – denn Platons Kardinaltugenden (= Grundtugenden) wurden für alle tugendethischen Theorien der Philosophie richtungsweisend.

Andererseits wäre Platon nicht als »Denker und Dichter des Idealen« in die abendländische Geistesgeschichte eingegangen, wenn er leicht verständliche Lehrstücke für den Alltag geschrieben hätte.

Bei der Herleitung und Begründung seiner Kardinaltugenden verknüpfte Platon mathematische Einsichten mit intuitiven Norm- und Wertfragen, religiösen und politischen Anschauungen sowie einer mystischen Vision der Welt. Anstatt diese in allen geistig-idealen, aber schwer zu begreifenden Details nachzuvollziehen, tun wir wohl besser daran, die platonischen Kardinaltugenden in eine zeitgemäße Sichtweise vom »guten« Leben zu integrieren.

Der ehemalige Professor am Lehrstuhl für Christliche Soziallehre der Katholischen Universität Eichstätt, Bernhard Sutor, legte in einer Antrittsvorlesung zum Thema politische Bildung die vier Kardinaltugenden des Platon neu und nachvollziehbar so aus:

1. Weisheit/Klugheit: Die Bedeutung der Klugheitslehre liegt zunächst negativ in der Absage an Irrationalismus, an das bloße subjektive Meinen, an das uneinsichtige Beharren auf dem eigenen vorurteilsvollen Standpunkt …
   Positiv in der Bereitschaft, Informationen unvoreingenommen zu prüfen, sich belehren zu lassen.
2. Gerechtigkeit: Sie besteht in der Bereitschaft, das Geschuldete und das Vereinbarte zu leisten, Verträge

einzuhalten. Sie erkennt den anderen als Partner an, respektiert seine Interessen und sein Recht, bewirkt Fairness und Toleranz und ist so Grundlage sozialen Friedens.

3. Tapferkeit: Die dritte der vier Kardinaltugenden ist die Bereitschaft, Nachteile in Kauf zu nehmen um höherrangiger Güter willen. Ihre Voraussetzung liegt in der Erkenntnis, dass das Gute sich in der Welt nicht von alleine durchsetzt ... Tapferkeit erweist sich demnach in Zivilcourage, in Widerstand gegen Unrecht und im Einsatz für Gerechtigkeit, Freiheit und Frieden.
4. Mäßigung: Sie bezeichnet die Fähigkeit, die Grundkräfte unseres eigenen Daseins – die körperlichen, seelischen und geistigen Kräfte – zu einer gefügten Einheit zu ordnen. Diese Tugend lässt sich somit wohl auch als Tapferkeit gegen sich selbst bezeichnen. Im sozialen Umgang mit den anderen und in der politischen Auseinandersetzung hieße das dann die Fähigkeit, die eigenen Emotionen zu kontrollieren, einen möglicherweise gerechten Zorn nicht in Hass umschlagen zu lassen, Aggressionen zu zügeln, friedensfähig in der zwischenmenschlichen Kommunikation zu werden.

Die Tugendtafel des Aristoteles

(ca. 330 v. Chr.)

Verstandestugenden (dianoetische):

Bezüglich des Unveränderlichen:

Intellekt der Prinzipien
Wissenschaft
Weisheit

Bezüglich des Veränderlichen:

Kunst
Klugheit

Charaktertugenden (ethische):

Allgemein:

Tapferkeit
Mäßigkeit

Im Umgang mit Geld und Besitz:

Freigiebigkeit
Hochherzigkeit

Bezüglich Ansehen und Ehre:

Hochsinn
Gesunder Ehrgeiz
Sanftmut

In der Kommunikation mit anderen:
Wahrhaftigkeit
Artigkeit
Freundlichkeit

Im politischen Leben:
Gerechtigkeit

Aristoteles (384–322 v. Chr.) war zwanzig Jahre lang Platons Schüler in Athen und arbeitete dessen Theorie der Kardinaltugenden in eine umfassendere Tugendtafel ein.

Aristoteles hasste die Extreme, »ihn interessierte stets das dazwischen Liegende«, schrieb ein Biograf. Modern gesprochen könnte man sagen: Er suchte die Zwischentöne und Schattierungen in der Schwarz-Weiß-Malerei seiner Zeitgenossen – und kritisierte schließlich auch seinen Lehrer Platon für sein Oszillieren zwischen der bloßen vergänglichen Stofflichkeit und der rein idealen, transzendenten »Wesenhaftigkeit« aller Dinge. »Platon ist ein Freund«, soll Aristoteles einmal gesagt haben. »Eine bessere Freundin ist die Wahrheit.«

Auch in Fragen der Ethik vertrat der Meisterdenker der klassischen Antike den Ausgleich zwischen prinzipienreiterischem Idealismus und egoistischem Materialismus. Aristoteles' Tugenden werden inhaltlich durch die ausgewogene Mitte zwischen zwei zu vermeidenden Extremen bestimmt.

Zum Beispiel:

> Tapferkeit als Mitte zwischen Tollkühnheit und Feigheit,
> Mäßigung als Mitte zwischen Wollust und Stumpfheit,
> Großzügigkeit als Mitte zwischen Geiz und Verschwendung.

Folgerichtig definierte der spätere Lehrer Alexander des Großen als »die höchste der ethischen Tugenden die Gerechtigkeit als jene Tugend, die im Verhältnis zum Mitmenschen jedem das Seine im Sinne eines Ausgleiches bzw. einer gewissen Gleichheit zuordnet«.

»Kann man heute noch etwas anfangen mit Aristoteles?«, fragen der Philosophie-Dozent Thomas Buchheim von der Münchner Ludwig-Maximilians-Universität und andere namhafte Aristoteles-Forscher in ihrem gleichnamigen 2003 erschienenen Buch.

Ihre Antwort: Man kann – und zwar im Sinne einer »Wiedererkennung des Menschen«.

Denn nach Aristoteles hat jeder Mensch die Aufgabe, seine Mitte zu finden, und das in jeder Situation aufs Neue.

Aus dem »Katechismus« des Epikur

(ca. 280 v. Chr.)

Das gerechte Leben ist von Unruhe am freiesten, das ungerechte aber ist voll von jeglicher Unruhe.

Es ist nicht möglich, lustvoll zu leben, ohne dass man vernunftgemäß, schön und gerecht lebt, noch vernunftgemäß, schön und gerecht ohne lustvoll zu leben. Wer dies nicht besitzt, der kann nicht lustvoll leben.

Es gibt keine Gerechtigkeit an und für sich, sondern sie ist ein im gegenseitigen Verkehr an den beliebigsten Orten und Zeiten geschlossener Vertrag, einander gegenseitig weder zu schädigen noch sich schädigen zu lassen.

Von allem, was die Weisheit zur Glückseligkeit des ganzen Lebens bereithält, ist weitaus das Größte die Erwerbung der Freundschaft.

»Der Lehrer des guten Lebens« wird Epikur (341 bis 270 v. Chr.) genannt. Glück ist machbar, das war seine Botschaft, die heute in mehr als 200 »Glücksratgebern« allein auf dem deutschen Buchmarkt variiert wird.

Es stimmt: Epikur schätzte Staat und Politik gering und definierte »Tugend« ganz anders als etwa die aktive Beteiligung am Gemeinwesen.

Epikur war der erste Individualist unter den griechischen Philosophen der Antike. Er stellte Privatheit und das individuelle Fühlen und Begehren in den Mittelpunkt seiner Lehre und verkündete, dass jeder Einzelne seine eigenen Maßstäbe für das »Gute« setzen müsse. Das Ziel des Lebens sei letztendlich die Gewinnung von Lust und die Vermeidung von Unlust.

Das klingt nach rücksichtslosem Egoismus – und hat doch nichts damit zu tun.

Heutige Machbarkeitsdenker und »Glücksformel«-Sucher berufen sich durchaus zu Unrecht auf Epikur und dessen »Fachwissenschaft von der richtigen Lebensführung«.

Im Gegenteil: »Moderne Hedonisten *(von griechisch: hedone = Genuss; Anm. d. Autors)* sollten sich von Epikur belehren lassen«, schrieb der Philosophie-Professor Michael Erler 1999 in einem *Zeit*-Aufsatz: Erst »skeptische Distanz zu den Bedürfnissen, die sich aus Werbung, Mode und Prestige speisen – eine aufgeklärte Lebenshaltung eben – bedingt den Genuss. Grenze, Maß und Reduktion sind Konditionen jener Seelenruhe, die Epikur vorlebte. Der Name Epikurs steht also nicht für den Lebenskünstler, sondern für den Lehrer einer Lebenskunst, die reflektierte Lust mit aufgeklärter Kenntnis der Welt zu verbinden weiß.«

Anders gesagt: Epikurs Weg zum Glück führt nicht über sinnlose Maximierung von Lust, sondern bedient sich der vernünftigen Einsicht. Beispiel: Ungehemmte Gier im Essen und Trinken bereitet im Augenblick zwar Genuss – hinterher ruiniert sie aber die Gesundheit. »Richtig« genießen heißt nach Epikur also »klug« genießen: so, dass man immer Freunde hat, so, dass man nicht vom Neid anderer gefährdet wird, so, dass man seinen Leib damit schont. »Nicht Trinkgelage und Festumzüge, nicht der Genuss von Knaben und Mädchen, von Fischen und allem, was ein aufwändiger Tisch bietet, erzeugt das lustvolle Leben, sondern nüchterner Verstand«, lehrte der Philosoph des guten Lebens.

Ähnlich wie heute wurde die Welt gegen Ende des dritten vorchristlichen Jahrhunderts infolge politischer und sozialer Veränderungen als schwer überschaubar und beängstigend empfunden. Beantwortet wurde diese allgemeine Gefühlslage mit einem Rückzug ins Private, und sie bedingte zugleich die Suche nach Orientierung.

Hier bot Epikur eine Art Hilfe zur Selbsthilfe an, in Form von Schriften und Methoden für den Erwerb einer Disposition, die falsche Einstellungen zu korrigieren und eine »richtige« Grundhaltung zu kultivieren erlaubte.

»Ich glaube«, äußerte sich Epikur selbst, »das größte Glück erreicht man dadurch, dass man einerseits, wo es möglich ist, seine Bedürfnisse befriedigt, sowohl die materiellen, körperlichen wie die geistigen, sich an dieser Bedürfnisbefriedigung erfreut, also Freude zum Lebensziel macht; und dass man andererseits dort, wo uns die Bedürfnisbefriedigung nicht möglich ist, wir dies ohne Gejammer mit heiterer Gelassenheit ertragen. Womit ich nicht behaupten will, dass es mir immer gelingt, nach diesem Grundsatz zu leben. Aber über die Jahre hinweg gelingt es mir immer besser.«

Die altrömischen Tugenden

(ca. 200 v. Chr.)

FIDES (Redlichkeit)

VIRTUS (Tüchtigkeit)

PIETAS (Pflichtgefühl)

DER AUFSTIEG ROMS zur antiken Weltmacht zwischen 264 v. Chr. und 133 v. Chr. war eine Abfolge von Kriegen, Vernichtungsfeldzügen und Annektionen. Und doch: »Wir haben die Spanier nicht durch unsere Zahl besiegt«, schrieb Cicero, »die Gallier nicht durch unsere Kraft, die Karthager nicht durch Verschlagenheit und die Griechen nicht durch unsere Kunstfertigkeit.«

Sondern?

Allein die strenge Beachtung der »pietas« machte der römische Politiker und Philosoph für die einzigartige Hegemonie des kleinen Stadtstaates geltend – eine der drei Säulen der altrömischen Sittlichkeit.

Im umfassenden Sinne bedeutete »pietas« Ehrfurcht, Pflichtgefühl. Sie erstreckte sich auf die Familie, das Verhältnis zum Staat, die Achtung der Tradition sowie das Verhältnis zu den Göttern und beinhaltete die Fähigkeit, sich an ein großes, überpersönliches Ziel hinzugeben, das eigene Ich einem höheren Zweck unterzuordnen.

Tatsächlich vermittelt die altrömische Zivilisation mehr als andere den Eindruck einer liberalen, offenen und gelassenen Gesellschaft. Die Tugenden fides, virtus und pietas wurden regelrecht vergöttert, das heißt: Ihren Personifikationen wurde religiöse Verehrung zuteil, und sie stellten entscheidende Kategorien des moralischen und soziopolitischen Denkens dar, dienten zur Orientierung des individuellen und kollektiven Handelns.

»Virtus« bezeichnet von seinem Wortstamm her die vorbildliche Eigenschaft eines Mannes: Tapferkeit in Kampf und Krieg. Zunächst umfasste »virtus« also den Bereich körperlicher, militärischer Tüchtigkeit. Später wurden auch gemeinschaftsbildende und geistige Qualitäten mitgedacht. Auch die Übernahme eines Staatsamts war ein Kennzeichen von »virtus«.

»Fides« wiederum meinte jede Art von Treueverhältnis zwischen Menschen untereinander und zwischen Menschen und Göttern, bedeutete darüber hinaus Glaubwürdigkeit, Zuverlässigkeit, Vertrauen, Treue, Ehrlichkeit.

Auch der römische Historiker Livius war davon überzeugt, dass allein die »virtus romana« (»Römertugend«) Rom zur Weltherrschaft gebracht habe – nicht militärische Überlegenheit, die Gunst der Umstände oder das Spiel des Zufalls. Aber weder Ciceros noch Livius philosophische Schriften konnten die schleichende Demoralisation und schließlich den Untergang Roms im fünften Jahrhundert n. Chr. aufhalten.

Mit der Kaiserzeit wandten die Römer sich von den alten Traditionen und Werten ab und wollten das Leben genießen. Die römischen Kaiser ab Tiberius gaben dem Volk »Brot und Spiele« als kostenloses Amüsement. Ausschweifungen jeglicher Art beherrschten fortan den Alltag der wohlhabenden Bürger. So heißt es in der spätantiken Gedichtsammlung »Anthologia Latina«: »Altes Rom, als dich noch die alten Quirites *(freie Bürger des antiken Rom; Anm. d. Autors)* regierten, war weder ein Guter pflichtvergessen, noch gab es irgendeinen Schlechten. Als aber die Senatoren getötet worden waren, folgte ihnen eine schlechte Jugend, durch deren Pläne du kopfüber in den Ruin stürztest.«

»Vom glücklichen Leben«

(Seneca, ca. 50. n. Chr.)

»**D**emgemäß ist ein Leben dann glücklich zu nennen, wenn es sich im Einklang mit der eigenen Natur befindet.

Dies kann uns nur zuteil werden, wenn unser Geist gesund ist und immer gesund bleibt, wenn er weiterhin Tapferkeit und Tatkraft zeigt, wenn er ferner standhaft auszuhalten vermag, sich den Zeitumständen anpassen kann, nicht ängstlich besorgt ist um den Körper und seine Ansprüche, wenn er dann noch eine Vorliebe hat für alle möglichen Dinge, die das Leben angenehm machen, freilich ohne eines dieser Dinge anzubeten, wenn er die Gaben des Glücks nutzt, aber nicht von ihnen abhängig ist.«

DER MANN HATTE GUT REDEN.

Lucius Annaeus Seneca , genannt Seneca der Jüngere, (etwa 4 v. Chr. –65 n. Chr.) war überaus angesehen und einflussreich und zählte außerdem zu den wohlhabendsten Menschen seiner Zeit. Der römische Staatsmann, Schriftsteller und Philosoph hatte zahlreiche hohe politische Ämter inne und avancierte schließlich im Jahr 48 zum Lehrer und Erzieher des jungen Kaisers Nero.

Und ausgerechnet Seneca verschrieb sich der so genannten Stoa (der »Philosophie der Selbstdisziplin«) und philosophierte zum Beispiel über die Seelenruhe

(»De Tranquillitate animi« und über glückliches Leben (»De vita beata«).

Im Essay »Vom glücklichen Leben« erörtert Seneca ausführlich die Frage, ob der Anspruch auf eine philosophisch begründete Lebensführung sich mit großem Reichtum verbinden lasse. Seine recht langatmigen Gedankengänge enden mit dem Fazit, dass Geld zu den äußeren Gütern, mithin zu den »gleichgültigen Dingen« zähle und man sich nicht innerlich davon abhängig machen darf. Zudem beruft er sich in seiner Selbstverteidigung auf praktische Unzulänglichkeit: »Verlange nicht von mir, dass ich den Besten gleiche, sondern dass ich besser bin als die Schlechten.«

Und weiter: »Der Weise glaubt nicht, irgendwelcher Gaben des Glücks unwürdig zu sein. Er liebt den Reichtum nicht, aber er gibt ihm den Vorzug. Er nimmt ihn nicht in sein Herz, wohl aber in sein Haus auf. Er verschmäht ihn nicht, wenn er ihm zufällt, er hält ihn zusammen und ist damit einverstanden, dass seiner hohen Gesinnung größere Mittel zu Gebote stehen.«

Kaum verwunderlich, dass die Maximen Senecas vor allem als Managerlektüre immer noch populär sind. Allerdings wussten auch die Kirchenväter Seneca zu schätzen, denn sie fanden in seinen Schriften Lehren, die auch ein Christ hätte aussprechen können. Denn Seneca forderte dazu auf, sich am politischen Leben aktiv zu beteiligen und soziale Aufgaben zu übernehmen. Ziel sei es, den Mitbürgern zu nützen und sich damit selbst zu verwirklichen. Er pries die Freundschaft und Geselligkeit.

Es sei unglückseliger, einem anderen zu schaden, als selbst Schaden zu erleiden, Hilfsbedürftigen solle man die Hände reichen. Ein glückliches Leben könne nur derjenige führen, der nicht nur an sich selbst denke und alles seinem Vorteil unterordne. Glück spende die Fähigkeit zur Freundschaft mit sich selbst und anderen. Besonders jedoch müsse man Pessimisten aus dem Weg gehen, die über alles jammern.

Um die auf den ersten Blick so starken Gegensätze in Senecas Leben zu vereinigen, nannte Friedrich Nietzsche ihn den »Toreador der Tugend« (Toreador = Stierkämpfer zu Pferde). Und in der Tat lebte man im ersten nachchristlichen Jahrhundert nahezu bühnenreif: heute auf den Höhen des Glücks, morgen Opfer eines jähen, gewaltsamen Todes.

Seneca, unmittelbar im Bannkreis der mörderischen Exzentrizität Neros, wusste dies – und stellte sich der Herausforderung seines Zeitalters. Er wollte zeigen, wie man lebt und wie man leben sollte.

Im Jahr 65 befahl Nero seinem einstigen Administrator den Selbstmord, den Seneca in gelassener, stoischer Weise ausführte.

Die drei göttlichen Tugenden

(ca. 57 n. Chr.)

GLAUBE

HOFFNUNG

LIEBE

GÖTTLICHE TUGENDEN – das sind »übernatürliche« oder auch »eingeflößte« Tugenden, neben den so genannten »Willenstugenden« griechischen Ursprungs (Weisheit, Gerechtigkeit, Tapferkeit, Mäßigung bei Platon).

Ihre Kennzeichnung als »Übernatürlich« entstammt dem theologischen Versuch, die Entstehung dieser Tugenden zu begründen: Sie sollen der Seele des Menschen von Gott eingegossen worden sein und finden sich im 1. Korintherbrief des Apostels Paulus im Neuen Testament: »Nun aber bleiben Glaube, Hoffnung, Liebe, diese drei, am größten jedoch unter ihnen ist die Liebe.« (1 Kor 13,13)

Papst Gregor I. (540–604) fügte sie den bis dahin geltenden weltlichen, aus der Antike übernommenen Tugenden hinzu (Gregors »Siebenzahl der Tugenden« = die vier Kardinaltugenden plus die drei göttliche Tugenden).

Die drei göttlichen Tugenden Glaube, Hoffnung und

Liebe laden zur konkreten Entfaltung der Spiritualität des Menschen im Alltag ein. Theologisch/philosophisch betrachtet bedeutet

- Glaube (lateinisch »fides«): Verstehen mit dem Herzen, Ja-Sagen zum Aufruf des sich offenbarenden Gottes, Durchstehen von Zweifeln und Zeiten der Leere, Weitersagen der Botschaft Gottes.
- Hoffnung (lat. »esperantia«): Wollen mit dem Herzen, Gottvertrauen, Hoffnung auf die Wiederkehr Christi.
- Liebe (lat. »caritas«): Fühlen mit dem Herzen, Liebe zu Gott, Liebe zu den Menschen/Nächstenliebe, Hingabe statt Eifersucht, Vereinnahmung, Haben-wollen.

Katholische Gläubige erbitten die drei göttlichen Tugenden auch im Rosenkranzgebet. Die ersten drei Perlen des »Ave Maria« stehen für die Erinnerung an 1 Kor 13,13: » … und gebenedeit sei die Frucht deines Leibes Jesus, der in uns den Glauben vermehre, der in uns die Hoffnung stärke, der in uns die Liebe entzünde«.

Anders als die Zehn Gebote sind die göttlichen Tugenden keine Handlungsanleitungen, sondern sie zielen auf die innere Einstellung. Gedanken zur aktuellen Bedeutung von Glaube, Hoffnung, Liebe findet man beispielsweise im Internet:

GLAUBE

Woran glauben Sie? An Ufos? An das besondere Kraftfeld von Pyramiden? An die positive Wirkung der Hypnose oder die Heilkraft der Edelsteine? Daran, dass Frieden auf Erden möglich und Gerechtigkeit einziehen wird?

An die Belastbarkeit Ihrer Beziehung? An das Gute im Menschen? Wenigstens an sich selbst? Oder nur an das, was Sie sehen?

Vielschichtig und komplex sind die Glaubensinhalte bei den Deutschen. Jede Umfrage belegt das wieder neu …

Denn die Menschen sind unbeirrbar religiös. Und wenn sie auch immer wählerischer werden und sich schwer tun mit der kirchlichen Lehre – an der frischen Luft, in der Natur und unterm Sternenhimmel werden sie ganz fromm …

Der Glaube an ein höheres Wesen lebt, auch wenn Gott immer weniger als persönliches Gegenüber bekannt wird … Jenseits aller Befragungen gehört es zu den größten Geheimnissen, glauben zu können. Manch einer hat über dem Wissen oder nach schlimmen Erfahrungen sein festes Vertrauen verloren. Der Glaube ist ein wankelmütiger Begleiter. Gibt sich mal unerschütterlich, mal verzagt, mal gewiss, mal zerbrechlich. Bisweilen basteln sich die Menschen ihre Überzeugung aus sehr verschiedenen Versatzstücken auch anderer Religionen zusammen – zu einem Patchwork, was ja noch nichts Schlechtes ist …

Glauben heißt, sich auf das zu verlassen, was man hofft und fest mit dem zu rechnen, was man nicht sehen kann, steht im Hebräerbrief des Neuen Testaments. Glaube ist das, was einen Menschen zuletzt und zutiefst bestimmt. Deutlich zeigt er sich in seinen Wirkungen, der Befreiung und der Umkehr, der Hoffnung und der Zuverlässigkeit, der Leichtigkeit und dem Vertrauen, der Hingabe und der Zuversicht.

Da ein Glaube ohne Taten tot ist, wie uns die Bibel gleichfalls lehrt, und Gott keine anderen Hände hat als die unseren, wie ein Slogan vor Jahren griffig und einprägsam zuspitzte, nützt er auch den anderen. Tradition, Gewohnheit, Erziehung können ihn begründen und verändern. Da er nicht zu beweisen ist, muss er sich immer wieder neu bewähren ... Und er wird, wie der Theologe Matthias Krieg es formuliert, zu einer Haltung, die zum Leben taugt.

HOFFNUNG

Worauf hoffen Sie?

Dass das Leben glückt? Dass die Beziehung hält? Dass sich die Freundschaft bewährt? Dass ein geliebter Mensch am Leben bleibt? Dass Sie im Lotto gewinnen? Dass Ihr Lieblingsverein nicht absteigt? Dass Sie die Krankheit überwinden und genesen? Dass noch nicht alles verloren ist?

Was gibt Ihnen Hoffnung? Und was macht Sie stark? Ist nicht viel Anlass zur Hoffnungslosigkeit? »Kann man die Hoffnung behalten«, fragt jemand, »wenn das Leben sich immer mehr als uneinsichtig erweist?« Und tatsächlich erfahren wir so vieles, was es schädigt und schändet: Krieg und Katastrophen, Armut, Hunger und Ungerechtigkeit. Wo wir doch so große Wünsche an das Leben haben ...

Hoffnung. Sie ist die Mutter unserer Sehnsüchte. Sie ist mal vermessen und mal begründet, mal nüchtern und mal banal. Sie reicht von zuversichtlicher Erwartung bis zu unbeirrbarem Ausharren. Heiterkeit, Geduld und Zuverlässigkeit sind ihre Gefährtinnen. Mit ihr kommt die Zukunft in die Gegenwart. Sie ist am Gelingen interessiert. Und sie begegnet uns in mancherlei Gestalt:

in einem Tor oder einem Licht, einem Baum oder einem Wort. Die Hoffnung stirbt zuletzt, weiß der Volksmund …

Der Mensch lebt, solange er hofft.

Wer also hofft, findet sich nicht ab. Nimmt nicht hin, was ist und wie es ist. Nimmt Grenzen wahr, um sie zu überschreiten.

LIEBE

Lieben Sie Brahms? Ein flottes Auto? Ein schönes Essen? Oder Macht? Lieben Sie sich selber? Sind Sie liebesfähig oder liebenswürdig? Lieben Sie Ihren Nächsten wie sich selbst? Und können Sie Ihre Feinde lieben, wie es Jesus gerne möchte?

Lebensart Liebe. Sie ist Humus für die Dichter. Der Stoff, aus dem die Träume sind, die großen Romane, die Schlager und die Schnulzen. Die ziehen Geld aus dem Herzschmerz. Ihre banale Botschaft ist, dass die Liebe allein uns leben lässt. Richtig ist, dass sie uns verzaubert, uns aus der Balance bringt und um den Schlaf …

Gelegentlich auch um den Verstand. Sie ist lebensgefährlich und sehr schön, freizügig und ganz profan. Sie schüttet Adrenalin aus und erhöht die Herzschlagfrequenz, stiftet feuchte Hände und rote Ohren. Sie ist Kult und Sünde, ein raffiniertes Spiel und ein romantisches Gefühl. Immer auch ein Geheimnis. Sie ist des Wunders liebstes Kind. Ihr verdanken wir das Kribbeln im Magen und die Schmetterlinge im Bauch …

Seltsam: Obwohl sich gewiss leicht Einvernehmen über den hohen Stellenwert der Liebe in unserem Leben herstellen lässt, tun wir uns schwer mit der Bestimmung dessen, was sie sei. Vielleicht von all dem etwas:

ein Gefühl der Zuneigung, des Angezogenwerdens, der Wertschätzung; der Spannung, die Anziehung und Vereinigung zwischen Menschen erzeugt; eine dauerhafte persönliche Zuwendung zu etwas oder zu jemandem …

Die Liebe treibt uns um. Sie löst auch Verzweiflung aus und Abschied, der ein bisschen wie Sterben ist …

Der Apostel Paulus nahm wahr, dass ein Mensch, der liebt, gütig und geduldig ist, sich nicht ereifert, nicht prahlt und sich nicht aufspielt, sich nicht taktlos verhält und nicht seinen eigenen Vorteil sucht, keinem Menschen etwas nachträgt und niemals jemanden aufgibt. Liebe: Nichts geht über sie, wenig geht ohne sie.

Hat Paulus Recht? Überfrachten wir die Liebe nicht selten mit Erwartungen, die sie gar nicht erfüllen kann?

Es stimmt: Je größer die Liebe, desto verwundbarer der und die Liebende. Doch wo wir unser Verhalten ändern, wenn es der Liebe nicht gut tut, lassen sich Schmerzen lindern. Die Liebe ist diese Anstrengung allemal wert.

Die christlichen Tugenden

(ca. 70 n. Chr.)

»Ihr seid von Gott geliebt, seid seine auserwählten Heiligen. Darum bekleidet euch mit aufrichtigem Erbarmen, mit Güte, Demut, Milde, Geduld.«

(Kol 3, 12)

MIT EINEM PULLOVER kann man bekleiden. Aber mit Tugenden wie Güte, Demut, Milde und Geduld?

Eigentlich trifft die Formulierung aus dem Brief des Apostel Paulus an die Kolosser, 3. Kapitel, Vers 12, im Neuen Testament nicht so ganz, denn es handelt sich hier um innere Qualitäten, die man nicht leicht und locker an- und wieder auszieht. Was Paulus möglicherweise damit sagen wollte, erklärt der niederländische evangelische Theologe Jan Christian Vaessen so:

»Diese christlichen Tugenden kann man in seinem eigenen innerlichen Leben nicht mit Meditation, strengen geistlichen Regimes und Verweigern von Genuss kultivieren. Das gibt nichts und nützt nichts. Es führt nur zu Hochmut und Zwangsneurosen.

Nein – Liebe, Frieden, Freundlichkeit, Demut sind uns bei der Taufe schon von Gott gegeben. Sie sind wie eine warme Jacke um uns gelegt und geben Ruhe und Geborgenheit.«

Neben der Siebenzahl der Tugenden von Papst Gregor I. lassen sich aus der Bibel eine Reihe von weiteren christlichen Tugenden ableiten, darunter eben

- Güte
- Demut
- Milde
- Geduld

aus dem Kolosser-Brief.

In seinem Brief an die Philipper schreibt Paulus:

»Weiter, liebe Brüder: Was wahrhaftig ist, was ehrbar, was gerecht, was rein, was liebenswert, was einen guten Ruf hat, sei es eine Tugend, sei es ein Lob – darauf seid bedacht.« *(Phillipperbrief 4, 8)*

Und im Ersten Brief an Timotheus heißt es:

»Desgleichen sollen die Diakone ehrbar sein, nicht doppelzüngig, keine Säufer, nicht schändlichen Gewinn suchen; sie sollen das Geheimnis des Glaubens mit reinem Gewissen bewahren. Und man soll sie zuvor prüfen, und wenn sie untadelig sind, sollen sie den Dienst versehen. Desgleichen sollen ihre Frauen ehrbar sein, nicht verleumderisch, nüchtern, treu in allen Dingen. Die Diakone sollen ein jeder der Mann einer einzigen Frau sein und ihren Kindern und ihrem eigenen Haus gut vorstehen. *(Erster Timotheusbrief 3, 8–12)*

Der Apostel Petrus ermunterte die frühen Christen ebenfalls zu geistlichem Wachstum in christlichen Tugenden:

»Nachdem seine göttliche Kraft uns alles, was zum Leben und zur Gottseligkeit dient, geschenkt hat, durch die Erkenntnis dessen, der uns kraft seiner Herrlichkeit und Tugend berufen hat, durch welche uns die teuersten und größten Verheißungen geschenkt sind, damit ihr durch dieselben göttlicher Natur teilhaftig werdet, nachdem ihr dem in der Welt durch die Lust herrschenden Verderben entflohen seid, so setzet nun all euren Fleiß zu dem hinzu und reichet dar in eurem Glauben die Tugend, in der Tugend aber die Erkenntnis, in der Erkenntnis aber die Enthaltsamkeit, in der Enthaltsamkeit aber die Ausdauer, in der Ausdauer aber die Gottseligkeit, in der Gottseligkeit aber die Bruderliebe, in der Bruderliebe aber die Liebe zu allen Menschen.« *(Zweiter Petrusbrief 1, 3–7)*

Auch die »Früchte des Heiligen Geistes« sind ein Begriff aus dem Neuen Testament. Im Evangelium nach Johannes *(Johannesevangelium 14, 15–16)* spricht Jesus davon, dass jeder Christ den Heiligen Geist als Beistand bekommt; erstmalig ausgegossen zu Pfingsten: »Wenn ihr mich liebt, werdet ihr so leben, wie ich es euch gesagt habe, dann werde ich den Vater *(Gott; Anm.d. Autors)* bitten, dass er an meiner Stelle jemanden zu euch senden soll, der euch helfen wird und euch nie verlässt.« Der Heilige Geist verwirklicht, personalisiert und verinnerlicht also das Leben »in Christus«.

Nach der Lehre der römisch-katholischen Kirche gibt es neben den sieben Gaben des Heiligen Geistes (Weisheit, Verstand, Rat, Stärke, Erkenntnis, Frömmigkeit, Gottesfurcht) zwölf Früchte des Heiligen Geistes, die ebenfalls »Tugenden« genannt werden:

1. Liebe
Gemeint ist die so genannte Agape-Liebe – die heilige, selbstlose Liebe Gottes. Sie bedeutet »unendliche Güte und unbesiegbares Wohlwollen« und hat stets das Beste für andere im Auge, selbst dann, wenn diese Böses planen und tun.

2. Freude
Dieses Wort drückt in der Ursprache vor allem eine Freude aus, die sich auf Gott und den Glauben gründet, etwa im *Psalm 16*: »Du tust mir kund den Weg zum Leben. Vor dir ist Freude in Fülle und Wonne zu deiner Rechten ewiglich.«

3. Friede
Dieser ist eng verbunden mit der Liebe und Freude Gottes, die er bei den Gläubigen Entfaltung bringt.

4. Geduld
damit eng verwandt, die

5. Langmut
Auch »Großmut«, dieser Begriff beschreibt aus biblischer Sicht die Nachsicht einer Person, die sich auch dann nicht rächt, wenn sie die Gelegenheit dazu hat.

6. Freundlichkeit
damit eng verwandt, ist die

7. Güte
Beide Begriffe sprechen von wohltuender Milde. Dabei

liegt der Akzent bei »Freundlichkeit« auf Hilfsbereitschaft pur, während »Güte« oder »Gütigkeit« auch Tadel und Korrektur mit einschließt.

8. Treue

Treue wird verstanden als das Merkmal zuverlässiger, unparteiischer Personen: »Da Gott selber die Treue in Person ist und wir von seiner Treue leben, erweisen auch wir uns als treue Mitarbeiter und Diener in seinem Reich«) *Zit. nach www.auftanken.de.*

9. Sanftmut

Bedeutet ein Dreifaches: Ergebung in den Willen Gottes, Lernbereitschaft sowie behutsames, sorgfältiges, überlegtes Handeln.

10. Selbstbeherrschung

Meint eigentlich die Selbstdisziplin eines Wettkämpfers, mit dem der Apostel Paulus in seinen Schriften die Christen manchmal vergleicht. Es geht darum, sich selbst so zu disziplinieren, dass man fähig wird, andere Menschen zu lehren und ihnen zu dienen.

11. Bescheidenheit

12. Keuschheit

So wie Früchte wachsen durch den Zustrom der Lebenssäfte und Kräfte der Pflanze, so erwachsen nach Überzeugung der Gläubigen die Früchte des Heiligen Geistes aus der vertrauensvollen Verbindung zu Gott.

Die sieben leiblichen und geistigen Werke der Barmherzigkeit

(ca. 80 n. Chr.)

Die sieben leiblichen Werke der Barmherzigkeit

1. Die Hungrigen speisen.
2. Die Durstigen tränken.
3. Die Nackten bekleiden.
4. Die Fremden beherbergen.
5. Die Gefangenen besuchen.
6. Die Kranken besuchen.
7. Die Toten begraben.

Die sieben geistigen Werke der Barmherzigkeit

1. Die Zweifelnden beraten.
2. Die Unwissenden belehren.
3. Die Sünder zurechtweisen.
4. Die Trauernden trösten.
5. Erlittenes Unrecht verzeihen.
6. Die Lästigen geduldig ertragen.
7. Für die Lebenden und Verstorbenen zu Gott beten.

DIE SIEBEN (LEIBLICHEN) WERKE der Barmherzigkeit werden seit dem Mittelalter den sieben Todsünden (Stolz, Neid, Zorn, Geiz, Unmäßigkeit, Unkeuschheit und Trägheit des Herzens) gegenübergestellt.

Sie gehen zurück auf eine Passage im Matthäus-Evangelium, wo Jesus vom kommenden Endgericht spricht:

»Wenn aber der Menschensohn kommen wird in seiner Herrlichkeit, und alle Engel mit ihm, dann wird er sitzen auf dem Thron seiner Herrlichkeit, und alle Völker werden vor ihm versammelt werden. Und der wird sie voneinander scheiden, wie ein Hirt die Schafe von den Böcken scheidet, und wird die Schafe zu seiner Rechten stellen und die Böcke zur Linken. Da wird dann der König sagen zu denen zu seiner Rechten: Kommt her, ihr Gesegneten meines Vaters, erbt das Reich, das euch bereitet ist von Anbeginn der Welt.

Denn ich bin hungrig gewesen, und ihr habt mir zu essen gegeben. Ich bin durstig gewesen, und ihr habt mir zu trinken gegeben. Ich bin ein Fremder gewesen, und ihr habt mich aufgenommen. Ich bin nackt gewesen, und ihr habt mich gekleidet. Ich bin krank gewesen, und ihr habt mich besucht. Ich bin im Gefängnis gewesen, und ihr seid zu mir gekommen.« (Matthäusevangelium 25, 31–36)

Das siebente Werk der Barmherzigkeit, Tote bestatten, wurde erst in dem theologischen Werk »Rationale divinorum« von Johannes Beleth aus dem Jahr 1165 installiert. Unter dem Druck von Kriegen und Pestzeiten mit zahllosen Opfern berief Beleth sich dabei auf eine Stelle im Buch Tobit (Altes Testament): »Ich gab den Hungernden mein Brot und den Nackten meine Kleider; wenn ich sah, dass einer aus meinem Volk gestorben war und dass man seinen Leichnam hinter die Stadtmauer von Ninive geworfen hatte, begrub ich ihn.« (Tobit 1, 17)

Die sieben geistigen Werke der Barmherzigkeit (Beten, Sühnen, Trösten, Raten, Belehren, Zurechtweisen und das besondere Verzeihen sind im Lauf der Kirchengeschichte hinzu gewachsen.

Die katholische Gemeinde St. Magnus im österreichischen Ferienort Ranggen legte 2005 einen viereinhalb Kilometer langen »Besinnungsweg« an. Entlang des Weges von der Kirche über den Rangger Bergweg zurück in den Ort laden sieben Stationen zum Nachdenken über die leiblichen Werke der Barmherzigkeit ein.

Die Inschrift der dritten Texttafel (»Hungernde speisen«) lautet:

»Schinken, Oliven und Torten:
gefüllt sind Kühlschrank und Speis.
dabei würde genügen – ein Teller Reis.
Wie viele Menschen auf dieser Welt
haben nicht genug Geld
für ein Brot
welch große Not!
Sie kocht, sie isst
und sie vermisst
nicht die vielen Käsesorten
nicht Schinken, Oliven und Torten.
Sie isst allein
und vermisst
gemeinsam an einem Tisch zu sein;
ausreichend Brot
aber allein
wie groß muss die Not in ihr sein?!
Wir kochen und essen
wollen nicht vergessen

zu teilen, zu geben
den nötigen Reis, das Brot fürs Leben.
Gebende, offene, helfende Hände
Worte zur richtigen Zeit
nicht versperrt in meine vier Wände
Gemeinsam leben befreit!«

Die zehn Gebote des Manu

(100 n. Chr.)

SEELENSTÄRKE

GEDULD

SELBSTBEHERRSCHUNG

ACHTUNG FREMDEN EIGENTUMS

REINHEIT

BEHERRSCHUNG DER SINNE

EINSICHT

WEISHEIT

WAHRHEIT

MEIDUNG JEDEN ZORNS

EIN »UNVERGLEICHLICH GEISTIGES und überlegenes Werk« hat Friedrich Nietzsche in seiner Schrift »Der Antichrist« das »Manu Smriti« oder »Gesetze des Manu« genannt.

Dabei handelt es sich um ein bis heute in weiten Teilen des Hinduismus einflussreiches Handbuch, das über verschiedenen Themen wie das Kastensystem, Formen der Ehe, Bestattungsriten, Pflichten der Könige, Karma-Vorstellungen und das Wesen der Seele informiert.

Kurz gesagt hält das »Manu Smriti« für fast alle Aspekte des Lebens Regeln und Vorschriften bereit, die zu befolgen notwendig sind, um dem »Dharma« zu gehorchen – ein Sanskrit-Wort, das Sitte, Recht und Gesetz, ethische und religiöse Verpflichtungen bezeichnet und gleichbedeutend mit einer hinduistischen Ethik ist. Denn das »Dharma« bestimmt das Leben eines Hindu in vielfältiger Art und Weise, obwohl der Hinduismus keine gestiftete Religion ist und daher keine fest umrissene Dogmatik kennt.

Aber von der Erfüllung des »Dharma« hängt das Karma ab, und das ist ein zentraler Begriff des Hinduismus wie auch des Buddhismus.

Untrennbar damit verbunden ist wiederum die Lehre von der Wiedergeburt (Reinkarnation). Sie beruht auf der Annahme, die Seele eines Menschen löse sich im Tode vom Körper und werde gleichzeitig – oder zu einem späteren Zeitpunkt – in einem anderen Körper wieder geboren.

Buddhistische und hinduistische Vorstellungen unterscheiden sich indes in einem wesentlichen Punkt: Reinkarnation (also »Wiederverkörperung« oder richtiger »Wiederfleischwerdung«) wird eher dem Hinduismus zugeordnet und bedeutet, dass mit der Wanderung der individuellen Seele in einen anderen Körper deren Persönlichkeit mitgeht und auch im neuen Dasein erhalten bleibt.

Im Buddhismus dagegen sprechen die Gläubigen meist von »Wiedergeburt«. Das bedeutet: Wie die Flamme einer Kerze wird nur eine Art Lebenskraft von einer Existenzform an eine andere weitergegeben. Diese sehr komplizierte Unterscheidung wird von Experten allerdings kontrovers diskutiert.

Wann aber kommt das »Samsara«, das Rad des Lebens, zum Stillstand? Dann, wenn die Auswirkungen früherer Taten abgetragen sind. Ob für diese Befreiung der Seele eine höhere Instanz – also ein Gott – zuständig ist oder ob sie einfach so geschieht, als Verschmelzung mit einer unpersönlichen kosmischen Energie, wird ebenfalls unterschiedlich gelehrt.

Sowohl im Buddhismus wie im Hinduismus indes bedeutet jeder neue Lebensdurchgang eine Verlängerung der irdischen Mühsal – also keine wünschenswerte Erlösung vom Tod, sondern ein Verhängnis. Denn das Sterben wird zwar überlebt; aber nur, um wieder in ein weiteres, dem Tod ausgeliefertes Leben voller Leid zurückzukehren.

Deshalb sind die klassischen religiösen Schriften des Hinduismus voll von sozialen Pflichten und Verantwortungen, ohne dass es eine bestimmte Sammlung von Gesetzen gäbe, die für alle gleichermaßen verbindlich wäre, wie etwa die Zehn Gebote der Christen.

Als besonders wichtige »Dharmas« gelten Wahrhaftigkeit (satyam), Gewaltlosigkeit (ahimsa), Zornlosigkeit (akrodha), Freigebigkeit (danam), nicht stehlen, (asteyam), rituelle, geistige und körperliche Reinheit (saucam), Zügelung der Sinne (indriya-nigraha), Nachsicht und Vergebung (ksama), Selbstkontrolle (dama), Urteilskraft (dhi), Mildtätigkeit (dana), Mitleid (daya) und Gastfreundschaft (atithi).

Der Hindu-Gottheit Krishna wird folgende Definition »guten« Verhaltens zugeschrieben:

»Krishna spricht: Wer keinem Wesen gegenüber böse gesinnt ist, wer freundlich und mitleidsvoll ist, frei von Egoismus und Selbstsucht, gleichmütig in Leid und Freude und geduldig ist, selbstbezähmt und unerschütterlichen Entschlusses, der stets zufrieden ist, der Sinn und Vernunft an mich hingegeben hat, ihn, meinen Verehrer, liebe ich …

Er, der gegenüber Freund und Feind sich gleich verhält, auch gegenüber guter und schlechter Nachrede, und der in Kälte und Hitze, Freude und Schmerz derselbe bleibt, der frei von Anhänglichkeiten ist, der Tadel und Lob für gleich hält, der schweigsam ist, der sich mit allem begnügt, was ihm begegnet … , den liebe ich.«

Aus dem »Handbüchlein der Moral«

(Epiktet, ca. 100 n. Chr.)

»**G**ib deiner Persönlichkeit ein dauerhaftes Gepräge, das du bewahrst, ob du nun für dich allein oder mit anderen zusammen bist.

Was den Körper betrifft, ob es sich um Essen, Trinken, Kleidung, Wohnung und Bedienung handelt, so befriedige nur das nackte Bedürfnis; was auf äußeren Glanz und Luxus abzielt, das klammere völlig aus.

Wenn dir jemand mitteilt, dir sage jemand Böses nach, dann rechtfertige dich nicht, sondern antworte: Er kannte wohl meine anderen Fehler nicht; denn sonst würde er nicht nur diese hier erwähnen.

In Gesellschaft vermeide es, weitschweifig und maßlos von deinen eigenen Leistungen und Abenteuern zu reden. Denn wenn es dir auch Spaß bereitet, von deinen Abenteuern zu erzählen, so braucht es den andern noch lange nicht denselben Spaß zu bereiten, deine Erlebnisse anzuhören. Vermeide es auch, Gelächter zu erregen. Denn diese Neigung entartet leicht zur Stillosigkeit und ist geeignet, die Achtung deiner Mitmenschen vor dir zu schmälern.

Gefährlich ist es auch, sich zotigen Reden auszusetzen. Wenn nun etwas Derartiges geschieht, dann rede demjenigen, der so weit gegangen ist, ins Gewissen, falls sich eine passende Gelegenheit bietet; ist dies nicht möglich, so zeige wenigstens durch dein

Schweigen, dein Erröten und deine finstere Miene, dass du die Worte missbilligst.

Wie die beiden Sätze »Es ist Tag« und »Es ist Nacht« sehr sinnvoll sind, wenn sie nicht miteinander verbunden sind, aber keinen Sinn ergeben, wenn sie miteinander verknüpft sind, so mag es zwar auch für den Körper gut sein, sich beim Essen das größte Stück zu nehmen; im Blick auf die in Gesellschaft notwendige Zurückhaltung und Bescheidenheit ist dieses Benehmen jedoch würdelos. Wenn du also bei jemandem zum Essen eingeladen bist, denk daran, nicht nur den Wert der aufgetragenen Speisen im Auge zu haben, sondern auch gegenüber dem Gastgeber Anstand und Zurückhaltung zu zeigen.

Es ist ein Zeichen mangelhafter Begabung, wenn man sich zu ausgiebig mit körperlichen Dingen beschäftigt, zum Beispiel: wenn man zu viel Sport treibt, zu viel isst, zu viel trinkt, zu oft zur Toilette rennt, um sich zu entleeren, und zu oft den Beischlaf ausführt. Stattdessen sollte man diese Dinge nur nebenbei tun, und die ganze Fürsorge sollte auf die Entfaltung deiner Vernunft gerichtet sein.«

Die Stimmung der Sitzungsteilnehmer ist gedämpft. Vielen Führungskräften steht Resignation, teils sogar Verzweiflung ins Gesicht geschrieben. Die Umsätze des mittelständischen Unternehmens sind im vergangenen Quartal noch einmal deutlich eingebrochen. Wieder wurden Marktanteile an die Konkurrenz verloren. Der Geschäftsführer erhebt sich und schaut in die Runde. Ein Lächeln umspielt seine Lippen, er strahlt Zuversicht aus:

»Meine Herren, wir stehen vor einer großen Herausforderung. Nutzen wir sie, um besser zu werden.«

Der Geschäftsführer hält es mit dem Stoiker Epiktet, der bereits vor 1900 Jahren die Erkenntnis formulierte: »Es sind nicht die Dinge, die uns unglücklich machen, es ist unsere Sicht der Dinge«.

So begann ein Artikel in der Januar-Ausgabe 2006 der Zeitschrift *Manager-Seminare*.

Und auch der Kabarettist Eckart von Hirschhausen greift im Grunde auf den griechischen Philosophen Epiktet (etwa 50–130 n.Chr.) zurück, wenn er doziert:

»Wer die Dinge zu ernst nimmt, setzt sich unter Stress. Die wichtigste Quelle dieses weit verbreiteten Leidens ist nicht die Situation selbst, sondern unsere Beurteilung der Situation. Aus evolutionsbiologischer Sicht ist es sinnvoll, in Stress zu geraten. Der Säbelzahntiger hinter uns stellte schließlich eine echte Gefahr dar. Vorübergehend verengt sich das Blickfeld, die Muskeln verkrampfen sich, und die Gedanken sind nicht mehr frei. Wir sind auf die Situation fixiert. Viel leichter, als die Situation zu ändern, ist es aber, unsere Beurteilung der Situation zu ändern. Wir sollten uns fragen, ob es wirklich ein Säbelzahntiger ist, der da hinter uns her ist.«

Nun sind Säbelzahntiger bekanntlich ausgestorben – und entsprechend ist der Stress größer als nötig. Hilft es, wenn ich mich aufrege? Wie werde ich die Situation in einem Jahr beurteilen? Wie würde ich sie einem Kind erklären? Diese Fragen sorgen für einen Perspektivwechsel, der entkrampfende Wirkung hat.

So betrachtet, ist Epiktet tatsächlich erstaunlich aktuell.

Konsequenter als Seneca konzentriere er sich auf die Frage nach dem sittlich richtigen Leben. Er, der ehemalige Sklave des Epaphroditos (ein Vertrauter und Leibwächter Neros), forschte nicht nach der Wahrheit – er glaubte, sie zu kennen und deshalb predigte und lehrte er. Und zwar unter anderem, dass der Mensch strikt unterscheiden solle, welche Dinge und Geschehnisse von ihm selbst beeinflusst werden können und welche nicht.

Anders gesagt: Ob sich der Mensch ärgert oder freut, von welchem Blickwinkel er die Dinge sieht und welche Bedeutung er ihnen zumisst, das entscheidet er in freier Selbstbestimmung, und dafür trägt er die Verantwortung. Hier fördert oder verfehlt er seine Sittlichkeit. Wer sich um die Entwicklung seines Inneren kümmert, ist frei, ist auf dem richtigen Weg und wird sein Lebensziel erreichen.

Alles andere, wie etwa Ehre, Tod, Besitz oder Krankheit, entzieht sich seiner Verfügung. Deshalb muss er sich um diese Dinge nicht kümmern, es sind sittlich gleichgültige Dinge wie beispielsweise Lust, Schmerz, Ansehen und Besitz. Sie beeinflussen uns nur, wenn wir es zulassen.

»Diese erstaunlich moderne Einsicht beinhaltet – und dies ist zentraler Punkt der Lehre Epiktets –, dass der Mensch in der Bewertung seiner Situation, eines Ereignisses, eben aller äußeren Dinge, per se frei ist«, führte der Autor des Artikels in *Manager-Seminare* weiter aus: »Er hat zum Beispiel die Wahlentscheidung, einen Umsatzeinbruch, wie der Zirkel der Führungskräfte, als Menetekel für den eigenen Untergang anzusehen. Oder diesen, wie der Geschäftsführer, als Herausforderung zu betrachten, an der das Unternehmen und die eigenen Mitarbeiter wachsen können.«

Zugegeben: Manchem heutigen Leser scheint das etwas zu viel Gefühlsarmut. »Seine innere Ruhe gleicht einer Grabesruhe«, liest man sich in einem philosophischen Internetforum über Epiktet, der an gleicher Stelle mit einem emotionslosen »Vulkanier« aus der »Raumschiff Enterprise«-Serie verglichen wird.

War Epiktet wirklich eine Art Mr Spock der Antike?

Dies zu ergründen, seien an dieser Stelle einige seiner berühmtesten Zitate erwähnt:

- »Wem genug zu wenig ist, dem ist nichts genug.«
- »Bedenke, dass du nur Schauspieler bist in einem Stükke, das der Spielleiter bestimmt.«
- »Weise ist der Mensch, der Dingen nicht nachtrauert, die er nicht besitzt, sondern sich der Dinge erfreut, die er hat.«
- »Habe täglich den Tod vor Augen; das wird dich vor kleinlichen Gedanken und vor maßlosen Begierden bewahren.«
- »Es gibt nur einen Weg zum Glück und der bedeutet, aufzuhören mit der Sorge um Dinge, die jenseits der Grenzen unseres Einflussvermögens liegen.«
- »Wenn die Sonne nicht auf Lob und Bitten wartet, um aufzugehen, sondern eben leuchtet und von der ganzen Welt begrüßt wird, so darfst auch du weder Schmeichelei noch Beifall brauchen, um Gutes zu tun. Aus dir selbst heraus musst du es tun: Dann wirst du wie die Sonne geliebt werden.«

Die »Selbstbetrachtungen« von Marc Aurel

(um 170 n. Chr.)

Meinem Großvater Verus verdanke ich das Vorbild der Herzensgüte und Gelassenheit.

Mein Vater lehrte mich Bescheidenheit und männlichen Sinn.

Von meiner Mutter lernte ich die Ehrfurcht vor der Gottheit, die Freigiebigkeit und die Scheu nicht allein vor der bösen Tat, sondern auch vor der Gedankensünde, ferner die Schlichtheit in der Lebensweise.

Bei Diognetos lernte ich, mich nicht mit unwichtigen Dingen abzugeben, misstrauisch gegen das zu sein, was Gaukler und Zauberer über Besprechung, Bannung von Dämonen und dergleichen mehr zu wissen vorgeben.

Rusticus vermittelte mir die Erkenntnis, dass man nach Läuterung und Pflege des Charakters streben müsse.

Von Sextus lernte ich, wohlwollend zu sein. Er gab mir das Vorbild eines väterlich regierten Hauses, vermittelte mir den Begriff des naturgemäßen Lebens und einer ungekünstelten Würde, die rührende Fürsorge für die Freunde.

Von dem Philosophen Alexander lernte ich, frei von Kritiksucht zu werden.

Von dem Platoniker Alexander lernte ich, nur selten und nicht ohne zwingenden Grund zu jemand zu sagen, ich hätte keine Zeit.

Von Catulus lernte ich, die Klage eines Freundes nicht als unwesentlich zu behandeln, sondern den Versuch zu machen, ihm wieder zu seinem gewohnten seelischen Gleichgewicht zu verhelfen.

Severus verdanke ich den Sinn für das Häusliche, die Liebe zur Wahrheit und das Streben nach Gerechtigkeit.

Von Maximus lernte ich die Selbstbeherrschung und die Geradlinigkeit in allem Tun, die heitere Gelassenheit bei Krankheiten und sonstigen Anfechtungen, die Ausgeglichenheit des Charakters, die Freundlichkeit und die Würde sowie die wohlüberlegte Erfüllung der vorliegenden Aufgaben.

IM ZWEITEN JAHRHUNDERT N. CHR. wurde Platons Wunsch Wirklichkeit: Ein Philosoph bestieg den römischen Kaiserthron.

Marc Aurel, der Imperator Caesar Marcus Aurelius Antonius Augustus, kleidete sich schon mit zwölf Jahren in den Mantel der Philosophen und nächtigte fortan auf einer unbequemen Bretterunterlage, die lediglich durch ein Tierfell gepolstert wurde, von der besorgten Mutter mühevoll verordnet.

Seine Lehrer waren stoische Philosophen, also Anhänger der erfolgreichsten griechischen Denkschule der Antike, der Stoa. Im gegenwärtigen Sprachgebrauch wird »stoisch« in aller Regel als Adjektiv zu »Ruhe« oder »Gelassenheit« verwendet.

In der Tat war der Stoizismus eine Philosophie der Selbstdisziplin. Marc Aurel gilt als der letzte Stoiker – und er war es auch, der während seiner Regierungszeit die Stoa als eine Art ethische Religion des römischen Volkes festlegte. Der Kaiser selbst wiederum ermahnte sich mittels der stoischen Entsagungsethik, »sich der Mühe des Regierens zu unterziehen, statt seinen schöngeistigen Neigungen zu folgen«. *(Edmund Jacoby, 50 Klassiker. Philosophen, Gerstenberg Verlag 2001)*

Allerdings blieb Marcus Aurelius auch recht wenig Zeit zum Philosophieren, denn schon bald nach seinem Amtsantritt im Jahr 161 musste er sein Reich an allen Fronten gegen die einfallenden Barbaren verteidigen. Sein letztes Lebensjahrzehnt verbrachte Marc Aurel in Feldlagern abseits der römischen Zivilisation. Dort schrieb er seine »Selbstbetrachtungen« nieder, ein philosophisches Tagebuch, das nicht zur Veröffentlichung bestimmt war und das von einem edlen Menschenbild und großer Lebensweisheit Zeugnis gibt.

Die »Selbstbetrachtungen« sind eine unvergängliche Sammlung von Leitsätzen, bestimmt von Werten und der Suche nach Übereinstimmung mit der Natur.

Ein Reiterstandbild auf dem Kapitol in Rom erinnert heute an den Philosophen auf dem Kaiserthron. Und nicht zuletzt setzte der Hollywood-Thriller »Das Schweigen der Lämmer« ihm ein filmisches Denkmal.

Der kannibalistische Serienmörder Dr. Hannibal Lecter, dessen distinguierte Gesten und makellose Kultiviertheit in unerträglichem Widerspruch zu seinen Taten stehen, fordert die FBI-Agentin Clarice Starling auf, sie solle bei Marc Aurel nachlesen, um ihren aktuellen Fall zu lösen: »Bei jedem einzelnen Ding die Frage, was ist es in sich selbst? Was ist seine Natur? Was tut er, dieser Mann, den Sie suchen?«

Der Film lässt offen, ob Agentin Starling diesem Rat folgt.

Jedenfalls ist sie am Ende erfolgreich, auch und entscheidend durch Lecters Hilfe. Womöglich fand sie in den »Selbstbetrachtungen« den folgenden Satz Marc Aurels – und hielt sich daran, wenigstens in den Gesprächen mit dem ambivalenten Psychopathen Lecter: »Hüte dich, gegen Unmenschen die gleichen Empfindungen zu haben, die diese gegen ihre Mitmenschen haben!«

Aus den »Großen Regeln« des heiligen Basilius

(ca. 370 n. Chr.)

Entschließe dich für die Lebensweise, die an kein Haus, keine Stadt, keinen Besitz gebunden ist. Sei frei und abgelöst von allen weltlichen Sorgen. Weder das Verlangen nach einer Gattin noch die Sorge um ein Kind mögen dich fesseln …

Weder besiegt dich die Natur des Fleisches, noch ängstigt sie dich wider deinen Willen, noch macht sie dich aus einem Freien zu einem Gefangenen.

Suche nicht Kinder auf Erden zu hinterlassen, sondern sie in den Himmel zu führen, nicht durch fleischliche Ehen dich zu binden, sondern nach geistigen zu streben, über Seelen zu walten und geistliche Kinder zu erzeugen.

Eigentlich sind die »Regeln« des heiligen Basilius (330–379) keine mönchischen Instruktionen, sondern kurze Kommentare und Leitsätze zu über 1500 Versen des Neuen Testaments. Man könnte die Basiliusregel als eine Art Anweisung für den entschiedenen Christen verstehen, die sich an den Klerus und an Laien, an Verheiratete, Witwen, Jungfrauen, Eltern, Meister und Soldaten richteten.

Der bedeutendste Kirchenlehrer des Orients machte in seinem Kodex die Radikalität des Evangeliums deutlich und trennte die »allgemeine« von der »christlichen« Existenz.

So schrieb er beispielsweise:

- »Was unterscheidet den Christen? Der Glaube, der durch die Liebe wirksam ist.
- Was unterscheidet den Glauben? Überzeugtheit ohne Wanken von der Wahrheit der Gott inspirierten Schriften, von keiner Vernünftelei angekränkelt, mag sie sich aus Nötigungen der Natur oder aus frommer Vortäuschung herleiten.
- Was unterscheidet die Liebe zu Gott? Seine Gebote halten in der Absicht, ihn zu verherrlichen.
- Was unterscheidet die Liebe zum Nächsten? Nicht das Eigene suchen, sondern das des Geliebten zu dessen seelischem und leiblichem Nutzen.
- Was unterscheidet den Christen? Dass in allem seine Gerechtigkeit die der Schriftgelehrten und Pharisäer überragt, die anderen zu lieben, wie Christus uns geliebt hat.«

Aus den Regeln des heiligen Augustinus

(388 n. Chr.)

Die Liebe nämlich, die nach der Schrift nicht das Ihrige sucht, ist so zu verstehen, dass sie das Interesse der Gemeinschaft dem eigenen vorzieht, nicht aber das eigene Interesse der Gemeinschaft vorzieht.

Ihr sollt also wissen: Euer Fortschritt ist um so viel größer, als ihr mehr für die gemeinsame Sache denn für die eigene besorgt seid.

Wer immer durch eine Schmährede oder ein Schimpfwort jemand verletzt hat, der soll darauf bedacht sein, seinen Fehler so schnell als möglich wieder gutzumachen; der Beleidigte aber soll ohne lange Auseinandersetzung verzeihen …

Darum hütet euch vor allzu harten Worten. Sind aber solche eurem Munde entfahren, dann lasst es euch nicht zu viel sein, aus demselben Munde, der die Wunden geschlagen hat, auch die heilenden Worte hervorzubringen.

»Ein Herz und eine Seele sein.« – Das war kurz gesagt das Ideal des heiligen Augustinus, als er gegen Ende des Jahres 388 in Thagaste (Algerien) mit einigen Freunden auf einem Besitz, den er von seinen Eltern geerbt hatte, eine Gemeinschaft von Laienmönchen gründete.

Dem großen Heiligen ging es dabei um die Verwirklichung einer in Gott gegründeten Gemeinschaft, getragen von »übernatürlicher Liebe, die im Bruder Gottes Tempel sieht und Gott selbst in ihm zu ehren sucht«. Als Vorbild hatte Augustinus die Güter- und Liebesgemeinschaft der ersten Christen in Jerusalem vor Auge.

Zur vollen Entfaltung kam das Klosterideal Augustins erst im 12. und 13. Jahrhundert, als verschiedene Eremitenverbände in Italien sich zusammenschlossen und die Augustinusregel zu ihrer Lebensnorm machten.

Augustinus selbst war schon lange vor seiner Bekehrung zum christlichen Glauben stets auf der Suche nach dem glücklichen Leben gewesen, dem »beata vita«, wie er eine seiner frühen Schriften überschrieb. Wahres Glück, so die Quintessenz seiner diesbezüglichen Überlegungen, könne nur etwas sein, das Bestand hat. Diese Sicht über das Glück teilte Augustinus mit den antiken Philosophen.

Als er schließlich »Glück« in der Beziehung zu Gott identifiziert hatte, schrieb er darüber in seinen berühmten »Bekenntnissen«: »Suche ich dich, mein Gott, so suche ich das glückselige Leben.«

Die »78 Werkzeuge der geistlichen Kunst« aus der Regel des heiligen Benedikt

(540 n. Chr.)

1. Vor allem: Gott, den Herrn, lieben mit ganzem Herzen, mit ganzer Seele und mit ganzer Kraft.
2. Ebenso: Den Nächsten lieben wie sich selbst.
3. Dann: nicht töten.
4. Nicht die Ehe brechen.
5. Nicht stehlen.
6. Nicht begehren.
7. Nicht falsch aussagen.
8. Alle Menschen ehren.
9. Und keinem anderen antun, was man selbst nicht erleiden möchte.
10. Sich selbst verleugnen, um Christus zu folgen.
11. Den Leib in Zucht nehmen.
12. Sich Genüssen nicht hingeben.
13. Das Fasten lieben.
14. Arme bewirten.
15. Nackte bekleiden.
16. Kranke besuchen.
17. Tote begraben.
18. Bedrängten zu Hilfe kommen.
19. Trauernde trösten.
20. Sich dem Treiben der Welt entziehen.

21. Der Liebe zu Christus nichts vorziehen.
22. Den Zorn nicht zur Tat werden lassen.
23. Der Rachsucht nicht einen Augenblick nachgeben.
24. Keine Arglist im Herzen tragen.
25. Nicht unaufrichtig Frieden schließen.
26. Von der Liebe nicht lassen.
27. Nicht schwören, um nicht falsch zu schwören.
28. Die Wahrheit mit Herz und Mund bekennen.
29. Nicht Böses mit Bösem vergelten.
30. Nicht Unrecht tun, vielmehr Erlittenes geduldig ertragen.
31. Die Feinde lieben.
32. Die uns verfluchen, nicht auch verfluchen, sondern mehr noch: sie segnen.
33. Verfolgung leiden um der Gerechtigkeit willen.
34. Nicht stolz sein,
35. nicht trunksüchtig,
36. nicht gefräßig,
37. nicht schlafsüchtig,
38. nicht faul sein.
39. Nicht murren.
40. Nicht verleumden.
41. Seine Hoffnung Gott anvertrauen.
42. Sieht man Gutes bei sich, es Gott zuschreiben, nicht sich selbst.
43. Das Böse aber immer als eigenes Werk erkennen, sich selbst zuschreiben.
44. Den Tag des Gerichtes fürchten.
45. Vor der Hölle erschrecken.
46. Das ewige Leben mit allem geistlichen Verlangen ersehnen.
47. Den unberechenbaren Tod täglich vor Augen haben.
48. Das eigene Tun und Lassen jederzeit überwachen.
49. Fest überzeugt sein, dass Gott überall auf uns schaut.

50. Böse Gedanken, die sich in unser Herz einschleichen, sofort an Christus zerschmettern und dem geistlichen Vater eröffnen.
51. Seinen Mund vor bösem und verkehrtem Reden hüten.
52. Das viele Reden nicht lieben.
53. Leer oder zum Gelächter reizende Worte meiden.
54. Häufiges oder ungezügeltes Gelächter nicht lieben.
55. Heilige Lesungen gern hören.
56. Sich oft zum Beten niederwerfen.
57. Seine früheren Sünden unter Tränen und Seufzen täglich im Gebet Gott bekennen;
58. und sich von allem Bösen künftig bessern.
59. Die Begierden des Fleisches nicht befriedigen.
60. Den Eigenwillen hassen.
61. Den Anweisungen des Abtes in allem gehorchen, auch wenn er selbst, was ferne sei, anders handelt; man denke an die Weisung des Herrn: »Was sie sagen, das tut; was sie aber tun, das tut nicht.«
62. Nicht heilig genannt werden wollen, bevor man es ist, sondern es erst sein, um mit Recht so genannt zu werden.
63. Gottes Weisungen täglich durch die Tat erfüllen.
64. Die Keuschheit lieben.
65. Niemand hassen.
66. Nicht eifersüchtig sein.
67. Nicht aus Neid handeln.
68. Streit nicht lieben.
69. Überheblichkeit fliehen.
70. Die Älteren ehren,
71. die Jüngeren lieben.
72. In der Liebe Christi für die Feinde beten.
73. Nach einem Streit noch vor Sonnenuntergang zum Frieden zurückkehren.
74. Und an Gottes Barmherzigkeit niemals verzweifeln.

75. Das sind also die Werkzeuge der geistlichen Kunst.
76. Wenn wir sie Tag und Nacht unaufhörlich gebrauchen und sie am Tag des Gerichts zurückgeben, werden wir vom Herrn jenen Lohn empfangen, den er selbst versprochen hat:
77. »Was kein Auge gesehen und kein Ohr gehört hat, hat Gott denen bereitet, die ihn lieben.«
78. Die Werkstatt aber, in der wir das alles sorgfältig verwirklichen sollen, ist der Bereich des Klosters und die Beständigkeit in der Gemeinschaft.

ROM: EINE STADT, die um das Jahr 500 darnieder lag – kirchlich, politisch, wirtschaftlich, kulturell und moralisch. Der Kaiserhof war bereits nach Konstantinopel umgezogen, das Leben in der ehemaligen Prachtmetropole von Verfall gekennzeichnet.

Die Welt ringsum: in Unruhe und Auflösung begriffen, ganze Völker auf Wanderungszügen auf der Suche nach einer neuen und gesicherten Lebensgrundlage.

Als der junge Benedikt (Benedetto) zu jener Zeit Rom verließ, um abgestoßen von den Zerstreuungen und Lustbarkeiten der Stadt die Einsamkeit zu suchen, ahnte noch niemand, dass der früh gereifte Grübler das gesamte abendländische Klosterleben neu organisieren und beleben würde.

Die stadtrömischen Klöster links liegen lassend, gründete der spätere Heilige nach und nach zwölf Klöster im zerklüfteten Tal des nordwärts gelegenen Subiaco. Um 530 baute er das Kloster von Montecassino bei Cassino auf. Und hier schrieb er seine berühmte »Regula Benedicti«, die grundlegende Regel aller sich von da aus über das ganze Abendland ausbreitenden Klöster des Benediktinerordens mit dem Wahlspruch »Ora et labora«, Gott suchen in Gebet und Arbeit.

Benedikts Ordensregeln widersprachen dem Zeitgeist und begründeten gerade deshalb dauerhafte Prinzipien: Beständigkeit und Innehalten in der Zeit der Völkerwanderungen und der sich auflösenden spätantiken Gesellschaft.

Die Benediktus-Regel umfasst »Die geistliche Kunst« der Mönchsgemeinschaft ebenso wie »Das gemeinsame Gebet«, »Die tägliche Versorgung« und die »Dienst-Ordnung«. Die Regel will nichts anderes, als die Lebenslehre der Bibel in die Praxis umzusetzen. Dabei geht es um zentrale Themen wie Gebet, menschliches Miteinander, Arbeit und die Erlangung des Heils. Die »Regula Benedicti« ist ein Buch spiritueller Weisungen, um dem Leben in der klösterlichen Gemeinschaft eine ordnende Grundlage zu geben. Doch auch außerhalb des Klosters, auch wenn man keinen Bezug zum Mönchtum hat, findet man darin wertvolle Anregungen und Ermutigungen für die eigene Lebensgestaltung.

Die Benediktinerabtei Neuburg bei Heidelberg stellt zum Beispiel folgende Gedanken zum 31. »Werkzeug der geistlichen Kunst« (die Feinde lieben) anheim:

»In der Liebe Christi für die Feinde beten – was kann das für uns heißen?

Wir leben in vielen unterschiedlichen Gemeinschaften, sei es im Kloster, oder sei es mit unseren Familien, mit unseren Nachbarn, Kollegen.

Wir sprechen und lachen miteinander, wir streiten miteinander und vertragen uns in der Regel rasch wieder. Aber manchmal kommt es zu so tiefen Zerwürfnissen, dass die Versöhnung nicht mehr gelingen will. Aber beten wir nicht Tag für Tag im Gebet, das Jesus uns gelehrt hat ›und vergib uns unsere Schuld, wie auch wir vergeben unseren Schuldigern‹? Wenn wir nicht auch so handelten, würden wir dann nicht unablässig uns, unseren Glauben und Gott selbst verraten?

›Unversöhnbarkeit der Charaktere‹, ›zu viele Scherben‹, ›es ist der andere, der nicht zur Versöhnung bereit ist‹ sind schwerwiegende Argumente. Doch unversöhntes Gegeneinander kann einfach nicht der Schlusspunkt sein.

Aber muss Versöhnung eigentlich immer heißen, dass man sofort auf Biegen und Brechen wieder gut Freund wird? Manchmal ist ein gelassenes Nebeneinander sehr viel heilsamer als ein verkrampftes Miteinander, bei dem man immer wieder Gefahr läuft, in alte Wahrnehmungs- und Reaktionsmuster zurückzufallen.

Versöhnung kann auch schon heißen, den anderen in sich loszulassen. Nicht mehr mit den Gedanken um ihn kreisen, ihn nicht mehr beobachten, um sich dann immer wieder neu an negativen Wahrnehmungen zu entzünden. Der Prüfstein der Vergebung und Versöhnung ist im ersten Schritt nicht das äußere Miteinander, sondern meine innere Haltung: Mache ich mir bewusst, dass ich gemeinsam mit meinem ›Feind‹ vor Gott stehe, und kann ich den anderen in dieser Beziehung annehmen?

Kann ich meine eigenen Verletzungen und meinen Groll so weit überwinden, dass ich reinen Herzens in der Lage bin, für den anderen zu beten?

Wenn ich einen Menschen erst einmal im Gebet wieder annehmen kann, dann trete ich auf einer anderen Ebene wieder versöhnt an ihn heran und schaffe so den Grund für eine neue Begegnung auch im Alltag. Kann ich mich überwinden? Die Liebe zu Christus sollte es mir möglich machen.«

Der Koran

(ca. 612 – 632 n. Chr.)

»**K**ein Mensch soll einen anderen Menschen verspotten, denn vielleicht sind diese, die Verspotteten, besser als jene, die Spötter.
Auch möge keine Frau eine andere, welche vielleicht besser als sie ist, verspotten.

Verleumdet euch nicht untereinander und gebt euch nicht gegenseitig Schimpfnamen. Forscht nicht neugierig nach den Fehlern anderer, und keiner spreche Böses vom anderen in dessen Abwesenheit.«

»ICH BIN GESANDT, um das schöne Verhalten zu vervollkommnen«, lautet eine der Hadise (Aussprüche) des Propheten Mohammed (570–632).

So wie Mohammed sich selbst nicht als eigentlichen Religionsstifter verstanden hat (sondern erklärtermaßen als »einen Zeugen, einen Boten neuer Hoffnung und als eine Fackel«), so demonstriert dieser Hadis: Der ethische Anspruch des Islam ist die Optimierung und nicht, das Vorhandene durch etwas gänzlich Neues zu ersetzen: »Vorangegangenes und gutes Bestehendes zu bestätigen, an Vergessenes wieder zu erinnern und es zu ergänzen, an die geänderten Bedingungen und Bedürfnisse anzupassen und zu vervollkommnen. *(Zit. nach der Internetseite der Religionsgemeinschaft des Islam, Landesverband Baden-Württemberg e. V., www.rg-islam.de)*

Die Ethik des Islam ist nicht systematisch aufgebaut und basiert größtenteils auf Koran und Hadise, zum Beispiel:

Sure 17, 34ff.: Tötet keinen Menschen, wenn Allah es verboten hat, es sei denn, dass die Gerechtigkeit es fordere.

Sure 17, 35: Nähert euch nicht dem Vermögen der Waisen, bis sie großjährig geworden sind, es sei denn, zu deren Vorteil. Haltet fest an euren Verträgen und Verpflichtungen, denn hierüber werdet ihr einst zur Rechenschaft gezogen.

Sure 17, 36: Wenn ihr messt, so gebt volles Maß und wiegt mit richtigem Gewicht. So ist es besser und förderlicher für die allgemeine Ordnung.

Sure 17, 38: Wandle auch nicht stolz auf der Erde einher, denn du kannst ja dadurch doch die Erde nicht spalten und auch nicht die Höhe der Berge erreichen.

Das äußere Merkmal eines Menschen und Ausdruck seines Glaubens ist nach Überzeugung gläubiger Moslems sein ethisches Verhalten. »Sich darin, in Aufrichtigkeit, in Liebe zu den Mitmenschen, in Toleranz und Gerechtigkeit zu vervollkommnen, sind wir im Koran und der Sunna angehalten.

Wir sollen:
Niemandem Schaden zufügen, niemanden verletzen, weder mit Worten noch mit Taten.

Niemals lügen, niemals andere verleumden, übel nachreden.

Die Wut und den Zorn, den Egoismus und die Begierden unter Kontrolle halten.

Fürsorglich sein, die Bedürftigen und Armen unterstützen.

Stets verzeihen und friedfertig sein.

Das Mitgefühl im Islam umfasst nicht nur Menschen, sondern die ganze Schöpfung und alle Lebewesen. Wer auf die Bedürfnisse der Tiere achtet und sie nicht leiden lässt, den wird Gott belohnen.« Der Islam betont besonders den gesellschaftlichen Nutzen einer persönlichen Ethik: »Nur wenn jeder Einzelne sich über die Wichtigkeit dieser Thematik im Klaren ist, kann das für die Gesellschaft von Vorteil sein.« *(Zit. nach der Internetseite der Religionsgemeinschaft des Islam, Landesverband Baden-Württemberg e. V., www.rg-islam.de)*

Die wichtigste Voraussetzung für ein sittliches Leben aber ist der Glaube. Ohne ihn sind die guten Werke bei der Auferstehung ohne Gewicht, heißt es in der Sure 24, 39 ff.: »Denn die Werke der Ungläubigen gleichen dem Dunst in einer Ebene, den der durstige Wanderer für Wasser hält, und wenn er hinkommt, so findet er nichts.«

Die Rittertugenden

(ab ca. 1100)

PERSÖNLICHE TUGENDEN:

maze: Mäßigung in allen Lebensbereichen.

staete: Beständigkeit, Berechenbarkeit in den Handlungen, Festhalten am rechten Verhalten und Glauben, Aufrichtigkeit.

zuht: Selbstbeherrschung und Zügelung der Leidenschaften, Erziehung nach festen Regeln.

hoher muot: Selbstbewusstsein und Stolz auf die eigene Tüchtigkeit.

vröude: Heitere Lebenshaltung, Gelassenheit.

milte: Milde gegenüber dem besiegten Feind, Freigebigkeit.

sin: Klugheit, besonnenes Verhalten.

HÖFISCHE TUGENDEN:

höveschkeit: Feine Manieren, Beherrschung der Etikette, Höflichkeit, »keinen Schimpf gegen Edelfrauen zu dulden«.

ere: Ansehen, Geltung.

werdekeit: Würde.

art: Verpflichtung zu höfischem Vorbild.

RELIGIÖSE TUGENDEN:

diemüete: Gnade und Barmherzigkeit gegenüber anderen Menschen, »demütig in Glück und standhaft im Leiden zu sein, die Religion samt ihren Häusern und Dienern, die Schwachen und Wehrlosen, die Witwen und Waisen zu beschirmen, die Heiligtümer zu ehren, ein gottesfürchtiges Leben zu führen«.

TUGENDEN GEGENÜBER DEM HERRSCHER:
dienest: Dienstbereitschaft, Gehorsam, Respekt.
triuwe: Treue, Einhalten von Verträgen und Eiden, Hilfsverpflichtungen, Wahrung des Rechts.
manheit: Tapferkeit.
arebeit: Ständige Bewährung (Reisen, Kämpfe).

WIESO SCHLIESSEN SICH heute noch mehrere Hundert Männer im »Deutschen Ritterbund« zusammen?

Handelt es sich dabei vielleicht um einen Humpen schwingenden Geselligkeitsverein? Um eine Faschings- oder Fantasy-Rollenspielgruppe? Um ein Sammelbecken für monarchistische Pseudo-Adlige, die sich Ritternamen zulegen, um sich als »von« ausgeben zu können?

Nichts von alledem.

Zielsetzung des Deutschen Ritterbunds sei die Pflege mittelalterlichen Brauchtums wie der Ideale des Rittertums. »Die da sind: das Eintreten für Freundschaft und Brüderlichkeit, die Förderung des Gemeinsinns, die Hilfsbereitschaft und Wohltätigkeit, die Liebe zur Heimat, die Treue und Standhaftigkeit, die Toleranz gegenüber anderen«, heißt es in einer Selbstdarstellung.

Und weiter: »Hochhaltung der Begriffe Ehre, Freundschaft, Treue, Hilfsbereitschaft und Toleranz sind die vornehmsten Aufgaben einer Ritterschaft. Ein Hang zur Romantik sollte ebenfalls vorhanden sein … Jeder Ritter hat als ehrenhafter und verlässlicher Charakter zu gelten.«

Tatsächlich stammen Begriffe wie »ritterlich« oder »höflich« (von »höveschkeit«) aus jener Zeit, da religiöse und weltliche Wertvorstellungen, kirchliche und kriegerische Ideale in der Gestalt des Ritters verschmolzen – also aus dem 12. Jahrhundert. Davor war ein Ritter bloß ein berittener und gepanzerter Kämpfer gewesen, entweder ein Vasall oder ein in Waffen stehender Reiter adliger Abstammung.

Dann aber verschaffte sich die Kirche zunehmend Einfluss auf den Adel und stellte den Ritterstand in den Dienst der Kirche. Die Verteidigung des Glaubens, der Schutz der Schwachen, Witwen, Waisen und natürlich der Kirche selbst galten nun als ritterliche Ziele. »Den endgültigen Durchbruch schaffte Papst Urban II. mit seiner Kreuzzugsidee. Das Grab Christi im fernen Jerusalem galt es gegen die Ungläubigen zu verteidigen. Wer im Namen Gottes kämpfte, erwarb sich Ruhm und Ehre über den Tod hinaus, auch das ewige Leben wurde zugesichert. So war ein gemeinsames Ideal für Könige, Fürsten und Adel gefunden, welches die große Gemeinschaft des Ritterstandes zusammenhielt«, kann man im Begleittext zur aufschlussreichen ZDF-Dokumentation »Vom Panzerreiter zum Kavalier« nachlesen (gesendet 2004).

Der Ritter wurde zum »Soldat Christi«, das Rittertum zu einer überhöhten Daseinsform, der sich auch Fürsten und Könige verpflichtet fühlten. Demut und Barmherzigkeit, Selbstdisziplin und persönliche Beständigkeit, vor allem aber Mäßigung gehörten zum Tugendkatalog des Ritterstandes. Ritterlich zeigte sich, wer die Schwachen schützte und tolerant gegenüber seinen Feinden war. Auch »der Dienst an der Frau« – die Verehrung der höhergestellten Dame – war Bestandteil des ritterlichen Ideals.

Und die Wirklichkeit? Sie sah zumeist anders aus.

So schrieb der Theologe und Humanist Petrus von Blois im ausgehenden 12. Jahrhundert: »Sobald sie mit dem Rittergürtel geschmückt sind, plündern und berauben sie *(die Ritter; Anm. d. Autors)* die Diener Christi und unterdrücken erbarmungslos die Armen. Sie geben sich dem Nichtstun und der Trunkenheit hin, sie schänden den Namen und die Pflichten des Rittertums.«

Die Rittertugenden stellten mithin eher ein poetisches Ideal dar, das von Dichtern zum Beispiel in der Sage von König Artus und seinen Rittern der Tafelrunde veredelt wurde. Dennoch sind Historiker überzeugt, dass dieser Wertekanon langfristig zu einer Verfeinerung der Sitten geführt und sich bis in unsere heutige Zeit erhalten hat.

Aus der »Ersten Regel der minderen Brüder« des Franziskus von Assisi

(ca. 1210)

Und alle Brüder sollen sich hüten, jemanden zu verleumden oder sich auf Wortstreit einzulassen. Sie sollen sich vielmehr bemühen, das Schweigen zu bewahren.

Sie sollen weder unter sich noch mit anderen zanken, sondern sich befleißen, demütig zu antworten, indem sie sagen: »Wir sind unnütze Knechte.«

Sie sollen nicht zornig werden. Denn »jeder, der seinem Bruder zürnt, wird dem Gericht verfallen; wer aber zu seinem Bruder sagt ›Du Tor‹, wird dem Gericht verfallen« (Matthäusevangelium 5, 22).

Sie sollen sich gegenseitig lieben, wie der Herr sagt (Johannesevangelium 15, 12): »Das ist mein Gebot, dass ihr einander liebt, wie ich euch geliebt habe.«

Und sie sollen die Liebe, die sie einander schulden, in Werken beweisen, wie der Apostel sagt (1. Johannesbrief 3, 18): »Lasst uns nicht nur lieben in Worten und mit der Zunge, sondern in Tat und Wahrheit.«

Und sie sollen »niemand lästern« (Titusbrief 3, 2), nicht murren und nicht ehrabschneiden, weil geschrieben ist (Römerbrief 1, 29): »Die Ohrenbläser und Ehrabschneider sind Gott verhasst.«

Und sie sollen »bescheiden sein und im Verkehr mit allen Menschen größte Milde beweisen« (Titusbrief 3, 2).

Sie sollen nicht richten und nicht verurteilen und sollen, wie der Herr sagt (Matthäusevangelium 7, 3), nicht so sehr die geringfügigen Fehler der anderen betrachten, sondern die eigenen »in der Bitterkeit der Seele überdenken« (Jesaja 38, 15).

ALBERT EINSTEIN? Michelangelo? Wolfgang Amadeus Mozart? Shakespeare? Johannes Gutenberg?

Nein. Zum bedeutendsten Mann des ausgehenden Jahrtausends wählte 1992 das amerikanische *Time Magazine* Franz von Assisi.

Schon 1979 war der Heilige aus dem 13. Jahrhundert von Papst Johannes Paul II. zum Patron des Umweltschutzes ernannt worden, und als der Papst 1986 Vertreter anderer christlicher Konfessionen und Religionsgemeinschaften zu einem Weltgebetstag für den Frieden einlud, bestimmte er als gemeinsamen Versammlungsort die kleine umbrische Stadt Assisi.

In seiner Ansprache erklärte das Oberhaupt der katholischen Kirche: »Ich habe diese Stadt Assisi als Ort für unseren Gebetstag des Friedens gewählt, weil sie von besonderer Bedeutung ist wegen des heiligen Mannes – des heiligen Franziskus – , der hier verehrt und der von so vielen in der Welt gekannt und geehrt wird als ein Symbol für Frieden, Versöhnung und Brüderlichkeit.«

Bekannt ist er wahrhaftig, der einstige Luftikus mit dem Taufnamen Giovanni Bernardone – Spielfilme, Theaterstücke und sogar Musicals erzählen die Fakten und Legenden aus seinem abenteuerlichen Leben.

Die Kurzversion: Sohn bürgerlich-reicher Eltern genießt zunächst sein privilegiertes Leben, will schließlich sogar in den Adelsstand aufsteigen und sucht zu diesem Zwecke Ruhm und Ehre in diversen Feldzügen. Gründlich desillusioniert durch eine schwere militärische Niederlage, Gefangenschaft und Krankheit kehrt er in seine Heimatstadt zurück und erlebt einen Bekehrungsprozess, der ihn in Konflikt mit den Normen seines Elternhauses und der Gesellschaft bringt.

1206, so heißt es, entledigt er sich in einer spektakulären öffentlichen Geste seiner Kleider und zieht fortan unter seinem Rufnahmen Francesco und im groben braunen Büßergewand als Wanderprediger umher. Nach und nach schließen sich ihm elf Gleichgesinnte aus gutbürgerlichem Hause an. In einer Zeit religiöser Wirren (Ketzerkriege, Sektierer, Häresien, umstrittene Liturgiereformen etc.) ringt Franz von Assisi dem Papst die äußerst selten erteilte Erlaubnis ab, einen neuen Bettelorden zu gründen – angeblich soll das mächtige Kirchenoberhaupt Innozenz III. kurz zuvor im Traum einen armen, unbekannten jungen Mönch gesehen haben, der die zusammenstürzenden Mauern der Laterankirche in Rom mit seinen Schultern stützt.

Tatsächlich baut Franziskus die darniederliegende Kirche wieder auf. Erst einmal im ganz praktischen Sinn, indem er verfallene Gotteshäuser in und um Assisi instand setzt.

Darüber hinaus befruchtet die tiefe Spiritualität des »Poverello«, des Armen von Assisi, den ganzen Katholizismus – in einer Zeit, da der Reichtum der Kirche den Blick auf das Evangelium und auf die Nachfolge Jesus Christi zu verstellen drohte.

Bis heute ist der heilige Franz eine Sehnsuchtsgestalt.

Die deutsche Theatergruppe »Chawwerusch«, die 2002 das Stück »Wo bitte liegt Assisi?« auf die Bühne brachte, erklärt treffend, warum das so ist: »Franz hat zu seiner Zeit freiwillig die Fleischtöpfe verlassen, hat den materiellen Wohlstand negiert und ist auf die Suche nach seiner eigenen Form von Glück gegangen, die jenseits des Habens und Besitzens liegt. Er machte dies mit einer Radikalität, die uns bis heute in Staunen versetzt. Gleichzeitig ist es ihm gelungen, seine Idee bis in die politischen Schaltzentralen der damaligen mittelalterlichen Welt zu tragen und einen kirchenpolitisch und gesellschaftspolitisch wichtigen Impuls anzustoßen.«

Einfachheit, Selbstbeschränkung, Hingabe, Gewaltlosigkeit, Leidensbereitschaft, Güte, Liebe zu allen Menschen und zur Kreatur, Ehrfurcht vor der Schöpfung – die Werte und Ideale, die Franz von Assisi verkörperte, und sein Vorleben einer geschwisterlichen Welt machen Franziskus von Assisi wohl in der Tat zum »Mann des Jahrtausends«.

Nicht nur des vergangenen, sondern auch des dritten Millenniums.

Aus der Regel des Ordens der Brüder der seligen Jungfrau Maria vom Berg Karmel

(Karmelregel, 1247)

Zu gürten sind die Lenden mit dem Gürtel der Keuschheit; zu wappnen ist die Brust mit heiligen Gedanken, denn es steht geschrieben: Ein heiliger Gedanke wird dich behüten. Anzulegen ist der Panzer der Gerechtigkeit, so dass ihr den Herrn, euren Gott aus ganzem Herzen und mit ganzer Seele und mit allen Kräften lieben könnt und euren Nächsten wie euch selbst.

Bei allem muss der Schild des Glaubens ergriffen werden, mit dem ihr alle feurigen Geschosse des Bösen auslöschen könnt, denn ohne Glauben ist es unmöglich, Gott zu gefallen.

Auch der Helm des Heils ist aufzusetzen, damit ihr allein vom Heiland euer Heil erhofft, der sein Volk von seinen Sünden erlöst.

Das Schwert des Geistes aber, das ist das Wort Gottes, wohne mit seinem ganzen Reichtum in eurem Mund und in eurem Herzen, und alles, was immer ihr zu tun habt, geschehe im Wort des Herrn.

Der Berg Karmel (übersetzt »Baumgarten«) liegt im äußersten Norden Israels. Seit Menschengedenken wurde er als heiliger Ort angesehen. Ursprünglich wohnten dort die kanaanäischen Fruchtbarkeitsgötter. Dieser heidnische Glaube wich einer Gruppe von hebräischen Propheten um Elija (= Jahwe ist mein El/mein Gott), der im 9. Jahrhundert vor Christus die Verehrung Jahwes, des Gottes Israels, begründete. Das frühe Christentum sah in Elija den Vater des Mönchtums. Seitdem hielten sich auf dem Karmel Einsiedler auf, die in der Einsamkeit Gott suchten.

Der Karmelorden ist eine dieser religiösen Traditionen. Am Beginn seiner Geschichte stand nicht das Charisma eines einzelnen Begründers, sondern die Lebensgemeinschaft einer Gruppe – Kreuzfahrer und Palästinapilger, die gegen Ende des 12. Jahrhunderts den Lärm und die Waffengewalt der Kreuzzüge gegen die Stille und Zurückgezogenheit des Karmelgebirges tauschten.

1238 wurden die Einsiedler durch die vorrückenden Sarazenen gezwungen, Palästina zu verlassen. Dieser unfreiwillige Auszug bedeutete nicht nur eine räumliche und seelische Entwurzelung, sondern vor allem eine geistige Herausforderung: Wie kann man Karmelit bleiben ohne Karmelberg? Ihre Antwort darauf lautete: »Ziehe an jedem Ort, an dem du wohnst, fort aus dem Endlichen, und gehe hinein in den unendlichen Raum, der Gott ist. Mache aus jedem Ort einen Karmel.«

Anders gesagt: Weil die Karmeliten von dem physischen Karmel vertrieben wurden, wurden sie gezwungen, jeden Ort als einen geistlichen Karmel anzusehen. Und dieser Karmel muss jeden Tag neu entdeckt werden. Die Karmelregel, die Albertus von Avogrado zwischen 1206 und 1214 verfasste, war dabei eine bedeutende Hilfe.

Sein Text regelte in erster Linie das Leben im Orden: das Eigene vergemeinschaftlichen (Dinge, Begabungen, Fertigkeiten, usw.), zusammenkommen im Gebet (Gebetszeiten und Eucharistie), gemeinsam besprechen, was jeden und alle angeht.

Darüber hinaus zielt die Karmelregel auf ein reines Herz: »Es geht darum«, erklärt der niederländische Karmelit Kees Waaijman, »dass wir dem Herrn aus reinem Herzen und gutem Gewissen dienen.«

Religiöse Lebensweisen könne man nämlich als Formen sehen, »die den Übergang vom Mietling zum treuen Knecht markieren. Der treue Knecht wendet sich von der Selbstbezogenheit ab und richtet sich auf die Reinheit des Herzens, um so seinen Herrn empfangen zu können. In allem sucht er sich nach seinem Herrn zu fügen, um Ihm in stets größerer Treue zu dienen. Das ist die Perspektive, in die die Karmelregel gestellt ist.«

Der Ehrenkodex der Samurai

(ab 1300)

TREUE

gegenüber dem Herrscher und Liebe zur Heimat

Liebe zu den Eltern und Zuneigung zu Brüdern

Fleiß

HÖFLICHKEIT

Ehrerbietung und Liebe

Bescheidenheit

gute Umgangsformen

MANNHAFTIGKEIT

Tapferkeit

Härte und Kaltblütigkeit

Geduld und Ausdauer

Schlagfertigkeit

WAHRHEITSLIEBE

Offenheit und Aufrichtigkeit

Ehrgefühl

Gerechtigkeit

EINFACHHEIT

Anspruchslosigkeit

Bescheidenheit

Die Geschichte der 47 Samurai kennt in Japan jedes Kind.

Kurz erzählt lautet sie etwa folgendermaßen: Im Jahre 1701 weilte Asano, der Fürst (Daimyo) der Provinz Ako, am Hof des Shogun (Oberbefehlshaber des kaiserlichen Heeres) in Edo, dem heutigen Tokio. Eine folgenschwere Visite, denn Asano wurde von Kira, dem Zeremonienmeister des Shogun, öffentlich beleidigt. Der gekränkte Asano zog sein Schwert und verletzte den hohen Beamten leicht.

Das war ein schweres Verbrechen, denn allein auf das Ziehen des Schwertes in der Residenz des Militärherrschers stand bereits die Todesstrafe. Fürst Asano wurde zum Seppuku gezwungen, einer rituellen Form des Selbstmordes, die im Westen unter dem Begriff »Harakiri« geläufig ist.

Sein Besitz in Ako wurde eingezogen, seine Vasallen verloren ihr Auskommen.

Doch 47 von Asanos Kriegern hielten ihrem Daimyo auch über dessen Tod hinaus die Treue. Zu »Ronin« (herrenlosen Samurais) geworden, sannen sie auf Rache. Kira rechnete durchaus mit einem Anschlag und ließ deshalb die Ronin einige Zeit beobachten. Also besuchten sie Bordelle, betranken und prügelten sich und ließen ihre Schwerter verrosten (eine schwere Schande!), bis jedermann sie verachtete und auch Kira davon überzeugt war, dass von diesem verlotterten Haufen keine Gefahr mehr ausgehe.

Am zweiten Todestag ihres Herrn schritten die 47 Samurai zur Vergeltung. Sie stürmten Kiras Palast und enthaupteten den Zeremonienmeister. Der Preis für diese

Tat war hoch: Wie Fürst Asano wurden auch sie zum Tod durch Seppuku verurteilt. Ihre Gräber befinden sich in der buddhistischen Tempelanlage Sengaku im Süden Tokios. Noch heute entzünden die zahlreichen Besucher Räucherstäbchen zu ihrem Gedenken.

Mag diese Art von Heldentum sich für uns eher blutrünstig und martialisch ausnehmen, so illustriert diese Überlieferung in Japan auf das Trefflichste den Ehrenkodex der Samurai, den »bushido«.

»Bushido« heißt so viel wie »Der Weg des Kriegers«. Doch das waren die Samurai nicht immer. Das Wort »Samurai« kommt von »samurau«, was so viel wie »dienen« oder »aufwarten« bedeutet. Im achten Jahrhundert war ein Samurai denn auch ein Diener des japanischen Adels und versah Tätigkeiten wie das Assistieren bei höfischen Ritualen oder die Finanzverwaltung.

Erst im 10. bis zum 13. Jahrhundert wurde der Samurai zunächst zum bewaffneten Begleiter eines höher gestellten, berittenen Kriegers und schließlich zur eigenen Kriegerkaste. Zugleich waren die Samurai Meister der Tugenden – nicht nur militärische Helden, sondern auch gesellschaftliche Erzieher und Garanten der öffentlichen Ordnung, die den anderen Ständen der feudalen Gesellschaft Vorbilder sein sollten. »Die Schönste unter den Blüten ist die Kirschblüte, der Edelste unter den Menschen ist der Samurai«, lautet ein japanisches Sprichwort.

Kurioserweise wurde der »bushido« erst viel später schriftlich niedergelegt, im 17. Jahrhundert nämlich, als die ersten ökonomischen und auch moralischen Verfallserscheinungen unter der Kriegerkaste zutage traten.

Einige Formulierungen daraus:

- »Wahre Tapferkeit besteht darin, dann zu leben, wenn es an der Zeit ist zu leben, und dann zu sterben, wenn es an der Zeit ist zu sterben.«
- »Ein Samurai muss nicht nur ein vorbildlicher, sondern auch ein treuer Sohn sein. Er verlässt seinen Herrn auch dann nicht, wenn die Zahl seiner Vasallen von hundert auf zehn und von zehn auf einen gekürzt wird.«
- »Im Kriege zeigt sich die Samurai-Treue darin, dass er furchtlos gegen die feindlichen Pfeile und Speere vorgeht und sein Leben opfert, wenn dies erforderlich ist.«
- »Wenn der Samurai im Krieg den Kampf verliert und sein Leben lassen muss, dann hat er stolz seinen Namen zu nennen und mit einem Lächeln ohne erniedrigende Erregung zu sterben.«
- »Wer nur über rohe Kraft verfügt, verdient nicht den Namen Samurai. Ein Samurai muss auch die Wissenschaften studieren, er muss seine Mußestunden nutzen, um sich in der Poesie zu üben und die Teezeremonie zu verstehen.«
- »Sei mäßig beim Essen und meide Hemmungslosigkeit.«

Diese Zitate umschreiben das Selbstverständnis der Samurai als stets wehrbereite und treu bis in den Tod ergebene Krieger und rufen zugleich dazu auf, ihre geistigen und moralischen Kräfte zu bündeln. »Herrschen und dienen – beide Aufgaben fielen im idealen Samurai zusammen«, kommentiert der Professor für vergleichende Kunstgeschichte an der Universität Osaka Wolfgang Schwentker die zeitlose Wertorientierung und gefühlsmäßige Disposition des »bushido«.

Im Zweiten Weltkrieg wurde der Ehrenkodex der Samurai von der japanischen Militärführung für den »ehrenvollen Tod auf dem Schlachtfeld« instrumentalisiert und damit zugleich diskreditiert.

In den 1950er-Jahren tauchte der Begriff wieder auf und ist bis heute in zahllose Theaterstücke, Comics (»Mangas«) und Filme eingeflossen, darunter Meisterwerke wie »Die sieben Samurai« (1954) oder »Ghost Dog – Der Weg des Samurai« (1999).

Ars apodemica: Die Kunst, richtig zu reisen

(ab 1459)

Der größte Gewinn, den wir uns auf Reisen verschaffen können, ist die Menschenkenntnis. Auf einer fremden Bühne erblicken wir fremde Schauspieler, die, wenn auch nicht besser wie die unsrigen, doch in einer andern Manier spielen …

Die häufigen Erfahrungen mancherlei Art, die man auf Reisen macht, üben die Tugend der Klugheit, und wenn man überall Weisheit und Thorheit, Licht und Schatten nebeneinander erblickt, so spannt man seine Ideale nach und nach herunter, wird tolerant und nimmt die Menschen, wie sie sind.

Je bekannter wir mit den Vorurtheilen und Lastern anderer Nazionen werden, desto herzlicher schließen wir uns an unsre Mitbürger wieder an, wenn wir sie in der Vergleichung mit jenen weiser und besser finden und wir ihre Mängel nicht mehr, wie vordem, durch ein Vergrößerungsglas erblicken.

Dann fordern wir weniger von ihnen und fühlen uns wohl in ihrem Kreise. Treffen wir hingegen auswärts manches Gute an, welches uns hier fehlt, so bemühen wir uns, wenn die örtlichen Verhältnisse es gestatten, es hier einzuführen.

REISEN BILDET – VOR ALLEM STAUS.

»Ferienzeit. Deutschland bricht auf, Völker wandern, Gruppen reisen, dem Licht der Sonne entgegen und immer auf der Jagd nach Motiven«, schrieb der *Stern* 1995 über Tourismus und Reisen im ausgehenden 20. Jahrhundert. »Das Leben ist ein Farbfilm und die ganze Welt ein Shopping-Center ... Wer reist, lernt das Leben im Stau. Ob Autobahn, Airport oder Eisbude, Warteschlangen gehören zum Urlaub.«

Kaum vorstellbar, dass Reisen einst eine Kunst war, der theoretische Kunstlehren des »richtigen Reisens« zugrunde lagen, so genannte Apodemiken. Das waren reflektierende Werke mit Anweisungen zum erbaulichen Beobachten und angemessenen Verhalten auf Reisen, die weit über die heutigen – rein praktischen – Reiseführer oder Routenbücher hinausgingen.

Vorstehender Text entstammt dem Beitrag »Über den Genuss des Reisens« eines gewissen Dr. Deneken, erschienen 1802 im *Neuen Teutschen Merkur*. Kernpunkt der damaligen Einstellung zum Reisen war: Reisen solle und dürfe kein reines Vergnügen sein, sondern habe der Bildung des Herzens und des Verstandes, der Erkenntnis, dem Verständnis und der Toleranz zu dienen.

In der adeligen Ständegesellschaft des Mittelalters war das Reisen nur Auserwählten (Wallfahrern, Pilgerreisenden, Mönchen, Scholaren) oder Ausgestoßenen (Hausierern, Zigeunern, Quacksalbern, Söldnern) vorbehalten – und somit entweder mit einem hohen oder aber sehr geringen Prestige verbunden. Dann aber kam mit dem 15. Jahrhundert die Zeit der Entdeckungen, und das (oder besser: die) Fremde rückte in den Gesichtskreis. Spätestens im 18. Jahrhundert wurde das Reisen dann »verbürgerlicht« und potenziell zu einer Angelegenheit aller.

Reisen gehörte zum guten Ton und war in Mode: Der Bürger reiste von Stadt zu Stadt, der junge Adelige von Hof zu Hof, denn »das Reisen reiniget den Geschmack, vermehret die Bilder, zerstäubet die Vorurtheile, besseret nicht selten die Sitten«, heißt es in einer Apodemik von 1768.

Von da an vergingen noch etwas mehr als zwei Jahrhunderte, ehe 1971 der erste Jumbo-Jet in Frankfurt abhob und 366 Urlauber innerhalb von drei Stunden nach Mallorca brachte.

Immer kleiner wird die Welt.

Und doch argwöhnte der Schriftsteller Max Frisch wohl nicht ganz zu Unrecht: »Auch der Düsenjäger wird unser Herz nicht einholen.«

Die Tugenden eines ehrbaren Kaufmanns

(um 1500)

EHRLICHKEIT

VERLÄSSLICHKEIT

GRÜNDLICHKEIT

VERANTWORTUNG

EIN MÖNCH ALS GEBURTSHELFER des modernen Kapitalismus?

In der Tat war es der italienische Franziskaner Luca Pacioli, der 1494 in seinem Monumentalwerk »Summa de Arithmetica, Geometria, Proportioni et Proportionalità« das Prinzip der doppelten Buchführung erstmals verständlich darstellte – in der Volkssprache Italienisch, nicht in der Gelehrtensprache Latein.

»Doppelte Buchführung« heißt kurz gesagt: Jede Transaktion wird zweimal ins Hauptbuch eingetragen – einmal in die linke Spalte auf der Sollseite und einmal in die rechte Spalte auf der Habenseite. So können die Konten verglichen und Fehler entdeckt werden. Das Verfahren ermöglicht zudem eine Gewinn- und Verlustrechnung der Unternehmen zu jedem beliebigen Zeitpunkt und -raum.

Was heute simpel klingt, war damals revolutionär. Die Medici und die Fugger führten die doppelte Buchführung ein, frühe Großkonzerne entstanden, der Handel wurde dank Paciolis gelehrter Abhandlung zur fortschrittlichsten Wissenschaft seiner Zeit.

Zugleich wusste der Franziskanermönch aber auch, dass ein Kaufmann alles verkaufen darf – nur nicht die Moral. Und deshalb lieferte Luca Pacioli in seiner »Summa de Arithmetica, Geometria, Proportioni et Proportionalità« auch Regeln und Tugenden für die wirtschaftliche Betätigung mit: »Es gilt nichts höher als das Wort des guten Kaufmanns«, schrieb er im ersten Kapitel, »und so bekräftigen sie ihre Eide, indem sie sagen: Bei der Ehre des wahren Kaufmanns!«

Pacioli installierte den »ehrbaren Kaufmann« zum Vorbild für eine wirtschaftlich und ethisch gleichermaßen gute Unternehmensführung. Der ehrbare Kaufmann ist

- ein verlässlicher Geschäftspartner, der sein Handeln an festen eigenen Werten ausrichtet.
- Er stellt den Kunden in den Mittelpunkt.
- Er denkt und handelt langfristig, oft über Generationen hinweg.
- Er engagiert sich für das Gemeinwesen, ohne dafür besondere Anerkennung zu beanspruchen.
- Ihm ist im Zweifel das Unternehmen wichtiger als die eigene Person.

Kaum verwunderlich, dass Luca Pacioli und sein »ehrbarer Kaufmann« heute wieder hoch im Kurs stehen als Gegenentwurf zum Modell »Schneller Zock«.

Die Wettbewerbsgesellschaft pervertiert zur Raff-Gesellschaft, der Börsenkapitalismus reduziert wirtschaftlichen Erfolg nur noch auf den »Shareholder Value«, Glücksritter legen Millionen von Aktionären rein, Manager manipulieren ihre Bilanzen, Vorstände greifen im kollektiven Selbstbedienungsrausch in die Kassen der ihnen anvertrauten Unternehmen, Großkonzerne verlagern ihre Zentralen ins Ausland, um dem deutschen Fiskus zu entgehen, nachdem sie Subventionen vom deutschen Staat einkassiert haben …

»Das Gute an diesen Skandalen ist, dass allen vor Augen geführt wurde: Der Markt bestraft jene gnadenlos, die gegen die allgemeinen Regeln und Sitten handeln«, erklärt Thomas Gauly, Leiter der Konzernkommunikation der Altana AG: »Vor wenigen Jahren noch sagte mir ein Manager, Ethik könnten sich Manager nur dann leisten, wenn es den Unternehmen wirtschaftlich gut gehe. Ansonsten aber sei Ethik ein marktunüblicher Luxus, der in Zeiten wirtschaftlicher Stagnation oder Rezession nichts bringe.«

Mittlerweile aber suche man nicht allein in Politik und Gesellschaft wieder nach geistiger Orientierung und allgemein akzeptierten Regeln als Grundlage für ein erfolgreiches Zusammenleben.

Gauly: »Auch in der Wirtschaft, in Unternehmen und Banken spricht man wieder gerne über ethische Leitbilder und die Rückbesinnung auf die Tugenden des so genannten ehrbaren Kaufmanns.«

Zum Beispiel Werner Marnette. In einem Beitrag für eine deutsche Sonntagszeitung forderte der Topmanager und Vorsitzende des Industrieverbandes Hamburg, die Wirtschaft müsse sich ohne Pathos zurückbesinnen auf bewährte Tugenden.

Denn nachhaltiges Wirtschaften sei ohne Ethik unmöglich: »Deshalb ist der ›Ehrbare Kaufmann‹ das Geschäftsmodell der Zukunft.«

Das »Große Gelübde« der Gesellschaft Jesu (Jesuitenorden)

(um 1540)

ARMUT

KEUSCHHEIT

GEHORSAM

EIN LEBEN IN ARMUT, Ehelosigkeit und Gehorsam den Ordensoberen und besonders dem Papst gegenüber – was für ein Gegenentwurf zum Zeitgeist einer »Spaßgesellschaft«, der vor lauter Abwehr gegen die Spießigkeit fast nichts mehr außer Beliebigkeit einfällt.

Als der Spanier Ignatius von Loyola 1539 in Rom das Fundament für einen neuen Orden legte, den er »Gesellschaft Jesu« nennt, betrachtete er als eigentlichen »Beruf« eines Jesuiten »zu lieben«. Konkret: »herauszuspringen aus seiner Eigenliebe, seinem Eigenwillen, seinem Eigennutz«.

Auch der berühmte Jesuit und Heilige Franz Xaver nannte den Jesuitenorden einst »eine Gesellschaft der Liebe«. Denn auch der Gehorsam sei zuletzt und zutiefst die Form der Liebe. Sie erfülle sich im Gehorsam, weil nur in ihm »ich darbiete und alles gebe, was ich habe, und mich selber damit: meine ganze Freiheit, mein Gedächtnis, meinen Verstand und meinen ganzen Willen, mein ganzes Haben und Besitzen«, damit »der Herr nach Seinem ganzen Willen darüber verfüge«.

In dieser Weise erklärt der Orden auch heute noch die drei Kennzeichen des apostolischen Lebens und Wirkens seiner Mitglieder:

Armut:
»Das Gelübde der Armut bedeutet Verzicht auf Privateigentum und die Ausrichtung auf das Leben der Armen. Aus dieser Anteilnahme tritt der Jesuit entschieden für die Gerechtigkeit ein. Armut ist kein Anliegen der Privatfrömmigkeit, sondern eine Lebensweise mit politischem Anspruch.«

Keuschheit:
»Mit dem Gelübde der Ehelosigkeit verzichtet der Jesuit auf die eheliche Gemeinschaft und stellt sich in die Gemeinschaft seines Ordens, dem er treu bleiben will. Die Jesuiten legen das Gelübde in der Absicht ab, in der dadurch gewonnenen Freiheit Gott zu dienen und den Menschen, die ihren Rat und ihre Hilfe suchen.«

Gehorsam:
»Der Gehorsam, den der Jesuit verspricht, gilt seinem Oberen, dessen wichtigste Aufgabe es ist, Sorge für das einzelne Ordensmitglied zu tragen. Im gemeinsamen Dialog müssen sich der Obere und der Einzelne um einen offenen Austausch bemühen, damit der Gehorsam nicht nur in einer Autorität des Oberen oder einer passiven Hal-

tung des Ordensmitgliedes besteht, sondern darin, gemeinsam den Willen Gottes zu suchen und zu finden.

Die Jesuiten sind eine über die ganze Welt verstreute Organisation, deren Mitglieder zugleich in ihrem eigenen Wirkungskreis selbstständig handeln und doch, wenn die Sache dies erfordert, jederzeit bereit sind, der Sendung durch den Oberen zu gehorchen.«

Man könnte es auch so formulieren: »Armut als Freiwerden von den Gaukelbildern eines Glücks im Horizont des Herrschens und der Dinge, in den Feldern von Macht, Position, Anerkennung und Besitz. Jungfräulichkeit als Freiwerden von den Gaukelbildern eines Glücks aus dem Gewebe verquerer körperhafter und zwischengeschlechtlicher Fantasien und Gehorsam als Treue zum eigenen Weg im Gefolge des Zuges aus der Transzendenz und des Anrufs.« *(zit. nach www.lonergan.at)*

Die Satzungen der Gesellschaft Jesu und das Versprechen der Armut, der Ehelosigkeit und des Gehorsams stehen zwar vordergründig in vollkommenem Widerspruch zu unserer Welt, wie sie ist. Aber letztendlich gründen sie auf einem eindrucksvollen Perspektivwechsel.

Wie unverkrampft die Ordensmitglieder selbst mit den radikalen Forderungen des heiligen Ignatius von Loyola umgehen, zeigt ein gern kolportierter »Jesuiten-Witz«:

Bei einer Ordenstagung diskutiert man über den Gehorsam. Der anwesende Jesuit wird gefragt: »Euer Orden legt auf den Gehorsam so großen Wert. Wie stellt ihr es an, dass er beachtet wird?«

Er antwortet: »Ganz einfach. Der Obere erkundigt sich bei uns zunächst bei seinem Untergebenen, was der will – und das schreibt er ihm dann vor. So haben wir nie Probleme mit dem Gehorsam.«

Nach einigem Überlegen wendet ein Mitglied eines anderen Ordens ein: »Aber es gibt doch auch Ordensleute, die selbst nicht wissen, was sie wollen. Was macht man mit denen?«

Der Jesuit erwidert: »Die macht man zu Oberen.«

Die Königstugenden

(nach William Shakespeares »Macbeth«, 1606)

WAHRHEIT

GERECHTIGKEIT

STARKMUT

GEDULD

AUSDAUER

MILDE

ANDACHT

GNADE

KRAFT

MÄSSIGKEIT

DEMUT

TAPFERKEIT

MALCOLM, PRINZ VON CUMBERLAND, Sohn des schottischen Monarchen Duncan und Thronfolger, hatte sie nicht – die Königstugenden, sprich: Wahrheit, Gerechtigkeit, Starkmut, Geduld, Ausdauer, Milde, Andacht, Gnade, Kraft, Mäßigkeit, Demut, Tapferkeit.

»Von allen«, lässt ihn William Shakespeare in seinem Drama »Macbeth« ausrufen, »ist keine Spur in mir. Nein, Überfluss an jeglichem Verbrechen, ausgeübt in jeder Art! Ja, hätt' ich Macht, ich würde der Eintracht süße Milch zur Hölle gießen, verwandeln allen Frieden in Empörung, vernichten alle Einigkeit auf Erden.«

Am Ende obsiegt Malcolm über Macbeth und wird König. Wie er seine Herrschaft ausübt, bleibt offen.

Anscheinend war es Shakespeare angelegen, in der Person Malcolms die Tugendkataloge der frühmittelhochdeutschen »Kaiserchronik« zu konterkarieren. Denn der größte Tragödienschreiber der englischen Literatur etablierte anstelle der antiken Schicksalstragödie (ein Verhängnis waltet über dem ohnmächtigen Helden) die Charaktertragödie, bei der sich die Handlung aus den Veranlagungen des Helden entwickelt. Und weder Malcolm noch die Hauptfigur Macbeth (maßlos in seinem Ehrgeiz und Machtstreben) entsprechen dem Ideal eines tugendhaften Herrschers, wie es besagte »Kaiserchronik« formulierte.

Die um 1150 in Regensburg von einem (oder auch mehreren) Geistlichen verfasste »Kaiserchronik« beschreibt in 17.000 Reimpaarversen die lange Reihe von Königen, Kaisern und Päpsten von der Gründung Roms bis in die frühe Stauferzeit. Sie zählt zu den bedeutendsten Werken der Geschichtsliteratur des Mittelalters.

In knapper Form stellt die »Kaiserchronik« auch die vom idealen Herrscher geforderten Tugenden zusammen, die weitgehend identisch mit Shakespeares Auflistung in »Macbeth« sind. Sie definieren kurz gesagt ein vorbildhaftes Verhalten Gott und den Menschen gegenüber und beeinflussten stark die späteren Ideale des Rittertums.

Auch William Shakespeare zollte den ethischen Verpflichtungen der Kaiser, Könige und Fürsten schließlich Tribut: In seinem Drama »Heinrich V.« erhob er den Tudor-Monarchen aus dem 14. Jahrhundert zum Idealherrscher. Doch was Shakespeare dem König im Einzelnen alles andichtete, ist historisch mittlerweile zweifelhaft:

»Sein Jugendwandel zwar verhieß es nicht. Doch kaum lag seines Vaters Leib entseelt, als seine Wildheit auch in ihm ertötet, zu sterben schien. Ja in dem Augenblick kam bessre Überlegung wie ein Engel. Und peitscht' aus ihm den sündgen Adam weg, dass wie ein Paradies sein Leib nun blieb, das Himmelsgeister aufnimmt und umfasst.

Nie ward so schnell ein Zögling noch gebildet, nie hat noch Besserung mit einer Flut so raschen Sturmes Fehler weggeschwemmt, und nie hat hydraköpfger Eigensinn so bald den Sitz verloren … als jetzt bei diesem König.«

Welche Lebensregeln Shakespeare dem gemeinen Volk zu vermitteln suchte, tritt in den Ratschlägen des Polonius an seinen Sohn Laertes in »Hamlet« zutage:

»Hier, empfange meinen Segen, und diese wenigen Lebensregeln. Womit ich ihn begleite, schreib in dein Gedächtnis ein.

- Gib deinen Gedanken keine Zunge, und wenn du je von unregelmäßigen überrascht wirst, so hüte dich wenigstens, sie zu Handlungen zu machen.
- Sei gegen jedermann leutselig, ohne dich mit jemandem gemein zu machen. Hast du bewährte Freunde gefunden, so hefte sie unzertrennlich an deine Seele. Aber gib deine Freundschaft nicht jeder neu ausgebrüteten, unbefiederten Bekanntschaft preis.
- Hüte dich vor Gelegenheiten zu Händeln, bist du aber einmal darinn' so führe dich so auf, dass dein Gegner nicht hoffen könne, dich ungestraft zu beleidigen.
- Leih dein Ohr einem jeden, aber wenigen deinen Mund.
- Nimm jedermanns Tadel an, aber dein Urteil halte zurück.
- Kleide dich so kostbar als es dein Beutel bezahlen kann, aber nicht fantastisch. Reich, nicht komödiantisch. Denn der Anzug verrät oft den Mann, und in Frankreich pflegen Leute von Stand und Ansehen sich gleich dadurch anzukündigen, dass sie sich mit Geschmack und Anstand kleiden.
- Sei weder ein Leiher noch ein Borger, denn durch Leihen richtet man oft sich selbst und seinen Freund zugrunde. Und borgen untergräbt das Fundament einer guten Haushaltung.
- Vor allem sei redlich gegen dich selbst, denn daraus folget so notwendig als das Licht dem Tage, dass du es auch gegen jedermann sein wirst.«

Die »Alten Pflichten« der Freimaurerei

(1722)

Der Maurer ist verpflichtet, dem Sittengesetz zu gehorchen; und wenn er die Kunst recht versteht, wird er weder ein engstirniger Gottesleugner, noch ein bindungsloser Freigeist sein.

Der Maurer ist ein friedliebender Bürger des Staates, wo er auch wohne oder arbeite. Er darf sich nie in einen Aufstand oder eine Verschwörung gegen den Frieden oder das Wohl seiner Nation verwickeln lassen und sich auch nicht pflichtwidrig gegenüber nachgeordneten Behörden verhalten.

Jedes Vorrecht unter Maurern gründet sich allein auf wahren Wert und persönliches Verdienst, damit die Bauherren gut bedient werden, die Brüder sich nicht schämen müssen und auf die königliche Kunst kein Schatten falle. Kein Meister oder Aufseher wird deshalb wegen seines Alters gewählt, sondern allein um seines Verdienstes willen.

Alle Maurer sollen an den Arbeitstagen rechtschaffen arbeiten, damit sie an den Feiertagen in Ehren leben können; die durch Landesgesetz angeordnete oder durch Herkommen festgelegte Arbeitszeit ist einzuhalten.

Die Werkleute sollen Schimpfreden vermeiden und sich untereinander nicht mit hässlichen Ausdrücken belegen, sondern einander

Bruder oder Genosse nennen. Sie sollen sich innerhalb wie außerhalb der Loge höflich benehmen.

Der Meister, der sich seines Könnens bewusst ist, soll das Werk für den Bauherrn so preiswert wie möglich übernehmen und dessen Gut so redlich verwalten, als wäre es sein eigenes.

Ihr könnt in der Freimaurerloge *(im heutigen Sinn ein Verein; Anm. d. Autors)* noch in harmloser Fröhlichkeit zusammenbleiben, einander bewirten, wie es eure Verhältnisse euch gestatten, sollt dabei aber jedes Übermaß vermeiden. Ihr sollt keinen Bruder dazu verleiten, mehr zu essen oder zu trinken, als er verträgt, ihn auch nicht daran hindern, zu gehen, wenn Verpflichtungen ihn rufen. Auch sollt ihr nichts tun oder sagen, das verletzen oder eine ungezwungene und freie Unterhaltung unmöglich machen könnte … Deswegen dürfen keine persönlichen Sticheleien und Auseinandersetzungen und erst recht keine Streitgespräche über Religion, Nation oder Politik in die Loge getragen werden.

Ihr sollt einander höflich grüßen, so wie man es euch zeigen wird, sollt euch Bruder nennen, euch ungezwungen gegenseitig unterrichten, wenn es angebracht erscheint, aber darauf achten, dass man euch nicht zufällig beobachtet oder belauscht. Ihr sollt einander nicht lästig fallen oder es an jener Achtung fehlen lassen, die man jedem Bruder schuldet, auch wenn er kein Maurer wäre … Denn die Bruderschaft erweist dem die schuldige Achtung, der sie verdient, und verwirft schlechte Formen.

Ihr sollt so handeln, wie es sich für einen anständigen und klugen Menschen gehört … Ihr müsst auch auf eure Gesundheit Rücksicht nehmen, die Zusammenkünfte nicht zu lange ausdehnen oder nach Schluss der Loge noch zu lange von zu Hause wegbleiben, nicht unmäßig essen und trinken, damit ihr eure Angehörigen nicht vernachlässigt oder schädigt und euch selbst zur Arbeit unfähig macht.

Alle diese Pflichten sollt ihr euch zu Eigen machen und ebenso weitere, die euch noch auf andere Weise mitgeteilt werden. So pflegt ihr die brüderliche Liebe, die der Grundstein und der Schlussstein, das uns alle verbindende Band und der Ruhm unserer alten Bruderschaft ist, und vermeidet Zank und Streit, üble Nachrede und Verleumdung.

Auch sollt ihr nicht dulden, dass andere Schlechtes über einen redlichen Bruder reden, sondern sollt ihn verteidigen und ihm helfen, soweit ihr es vor eurer Ehre und eurem Gewissen verantworten könnt, doch nicht mehr.

ALS IM SPÄTEN MITTELALTER die großen Kirchen und Kathedralen errichtet wurden, schlossen sich die daran beteiligten Maurer, Steinmetze, Architekten, Bildhauer, Wand- und Glasmaler in so genannten Dombauhütten zusammen. Da die Männer über viele Jahre hinweg täglich auf engstem Raum zusammen arbeiten mussten, fielen die Standesschranken. Die Mitglieder der Dombauhütten nannten sich untereinander »Brüder« und pflegten besondere Umgangsformen und Toleranz.

Darüber hinaus entwickelten sie Gebräuche und Rituale, um ihre jeweiligen Berufsgeheimnisse hinsichtlich der hohen Baukunst riesiger Sakralgebäude zu schützen und zu bewahren. Ohne ein bestimmtes Erkennungszeichen etwa konnte niemand eine Bauhütte betreten. Frei waren diese Handwerker und Baumeister insofern, da sie nicht dem Zunftzwang ihrer Kollegen unterlagen, die in den Städten Häuser bauten.

Nach und nach wurden auch Männer, die nicht Bauberufen angehörten – Adelige, Ärzte, Offiziere, Künstler – angenommen, als Ehrenmitglieder sozusagen. Im 17. Jahrhundert klang die Epoche der großen Dombauten aus, und die Bauhütten wurden zunehmend »weltlicher«. Die sozialen, geistigen und kulturellen Normen, die sich im Laufe der Jahrhunderte in den Bauhütten entwickelt hatten, blieben indes erhalten – und erforderten auf Dauer feste Organisationsformen. Und so wurde 1717 in London die erste Großloge der »Freimaurer« gegründet.

1722 erteilte die Großloge dem Reverend James Anderson den Auftrag, anhand der noch vorhandenen alten Regeln ein neues Konstitutionsbuch der Freimaurer zusammenzustellen. Diese »Alten Pflichten« bilden sozusagen das Grundgesetz der regulären Freimaurerei.

Heute versteht sich die Freimaurerei als eine weltumspannende humanitäre Initiationsgemeinschaft, die »unterschiedliche Individuen aller sozialen Schichten und Bildungsgrade vereint und dem freien Ideen- und Meinungsaustausch dient«. Durch eine Verpflichtungserklärung (Gelöbnis) bekennt sich ein Freimaurer zu ethischen Werten, die zum Beispiel die Schweizerische Freimaurerloge »Zur Brudertreue« so definiert:

- Die Achtung der Persönlichkeit des Menschen, die Wertschätzung seiner Einzigartigkeit und das Bestreben, die eigenen Möglichkeiten und diejenigen der anderen zu fördern. Der Freimaurer kennzeichnet diese Haltung mit den Begriffen Humanität, Toleranz und Weltbürgertum.

- Mit dem Begriff der Humanität, der Menschlichkeit, gibt der Freimaurer seiner Überzeugung von der Würde des Menschen Ausdruck, die ihn aus dem Kreise aller anderen Geschöpfe der Erde heraushebt. Weil für den Freimaurer die Menschlichkeit und die Menschenwürde im Mittelpunkt seines Lebens stehen, ist er dazu verpflichtet, nicht nur die eigene Persönlichkeit aus- und weiterzubilden, sondern auch die des Mitmenschen, des anderen, den der Freimaurer als einzigartiges Wesen zu achten und zu fördern hat. Dazu gehören selbstverständlich auch das Rücksichtnehmen auf andere, das Sich-selbst-Schranken-Setzen und der Verzicht auf hemmungsloses Verfolgen des eigenen Vorteils.
- Toleranz heißt gemeinhin Duldsamkeit, Nachsicht. Dieser Begriff bedeutet für den Freimaurer, dass er die Auffassungen, Einstellungen und religiösen Überzeugungen anderer ebenso achtet wie die eigenen. Politische, weltanschauliche und konfessionelle Mannigfaltigkeit ist eine unerlässliche Voraussetzung für die Weiterentwicklung aller Menschen. Gemeinsam ist den Freimaurern ebenfalls, dass sie von der unabdingbaren Notwendigkeit der Glaubens- und Gewissensfreiheit überzeugt sind und sich für den ungehinderten Austausch von Informationen einsetzen.
- Das »Weltbürgertum« kommt dort zum Ausdruck, wo der Freimaurer ungeachtet aller staatlichen Schran-

ken, wirtschaftlichen Gegensätze und kulturellen Unterschiede mit anderen Menschen in der Welt auf dieser Erde sein Wirken entfaltet.

- Freimaurer gehen über das Trennende hinweg und suchen die Idee einer weltumspannenden Kette wahrhafter Menschlichkeit zu verwirklichen.

Die 13 nützlichen Tugenden eines Erzkapitalisten von Benjamin Franklin

(1730)

1. Mäßigkeit: Iss nicht bis zum Stumpfsinn, trink nicht bis zur Berauschung.

2. Schweigen: Sprich nur, was anderen oder dir selbst nützen kann; vermeide unbedeutende Unterhaltung.

3. Ordnung: Lass jedes Ding seine Stelle und jeden Teil deines Geschäfts seine Zeit haben.

4. Entschlossenheit: Nimm dir vor, durchzuführen, was du musst; vollführe unfehlbar, was du dir vornimmst.

5. Sparsamkeit: Mache keine Ausgabe, als um anderen oder dir selbst Gutes zu tun, das heißt: Vergeude nichts.

6. Fleiß: Verliere keine Zeit; sei immer mit etwas Nützlichem beschäftigt, entsage aller unnützen Tätigkeit.

7. Aufrichtigkeit: Bediene dich keiner schädlichen Täuschung; denke unschuldig und gerecht, und wenn du sprichst, so handle danach.

8. Gerechtigkeit: Schade niemandem, indem du ihm Unrecht tust oder die Wohltaten unterlässt, die deine Pflichten sind.

9. Mäßigung: Vermeide Extreme; hüte dich, Beleidigungen so übel aufzunehmen, wie sie es nach deinem Dafürhalten verdienen.

10. Reinlichkeit: Dulde keine Unsauberkeit am Körper, an Kleidern oder in der Wohnung.

11. Gemütsruhe: Beunruhige dich nicht über Kleinigkeiten oder über gewöhnliche oder unvermeidliche Unglücksfälle.

12. Keuschheit: Übe geschlechtlichen Umgang selten, nur um der Gesundheit oder der Nachkommenschaft willen, niemals bis zur Stumpfheit, Schwäche oder zur Schädigung deines eigenen oder fremden Seelenfriedens oder guten Rufes.

13. Demut: Ahme Jesus und Sokrates nach.

»SCHNELL REICH WERDEN«, »Ihre erste Million«, »Reich mit System« – mit solchen und ähnlichen Slogans werben heutzutage windige Finanzjongleure für »smarte Geschäftsideen in neuen Wachstumsmärkten« oder dubiose Steuersparmodelle.

Der Erfolg dürfte in den allermeisten Fällen zweifelhaft sein.

Der amerikanische Zeitungsverleger, Naturforscher und Staatsmann Benjamin Franklin (1706–1790) beschreibt in seiner autobiografischen Schrift »Der Weg zum Reichtum« eine andere Gangart. Franklin glaubte fest an bestimmte Tugenden, die den Weg zum Reichtum ebnen würden, allen voran Disziplin, Fleiß und Mäßigkeit. In moralisch einwandfreiem Handeln sah der Mitunterzeichner der amerikanischen Unabhängigkeitserklärung die Voraussetzung für materiellen Erfolg.

Er lehrte überdies, dass Wissen allein nicht automatisch zum richtigen Handeln führt, sondern mit einem starken Charakter verbunden sein muss.

Franklin strebte dreizehn verschiedene Tugenden an, die von der »Mäßigkeit« über die »Sparsamkeit« bis zu »Keuschheit« und »Demut« reichten. »Diese dürften auf der Prioritätenliste heutiger Leser von Börsenliteratur kaum vorkommen«, schrieb die Frankfurter Allgemeine Sonntagszeitung in einer Rezension zur deutschsprachigen Neuauflage von »Der Weg zum Reichtum«. »Das ist bedauerlich. Denn wer wie der Autor aus dem 18. Jahrhundert den Weg zum Reichtum beschreiten will, scheitert öfter an Inkonsequenz, mangelnder Disziplin und Gier als an mangelndem Wissen.«

Benjamin Franklin dagegen war ein gemäßigter Puritaner, und wenn er den kommenden Reichtum wie eine Gewissheit verkündete, dann waren leiser Spott und feine Ironie mit im Spiel. Heute dagegen werden »Konsumkredite« aufgenommen, wo Franklin Sparsamkeit predigte. Und wo er strenge Selbstkontrolle walten ließ, dominiert heutzutage der Kitzel der Spaßgesellschaft.

Gewiss wirkt die puritanische Ethik Benjamin Franklins verstaubt, nicht mehr zeitgemäß. Doch macht gerade dies sie wieder lesenswert: Sie ist der glänzend erzählte und überzeugend formulierte Gegenentwurf zu einem entfesselten Kapitalismus.

George Washingtons »Rules of Civility & Decent Behavior in Company and Conversation«

(1745)

Richtlinien der Höflichkeit und des annehmbaren Verhaltens in der Arbeit und im Gespräch

»Jede Handlung in Gesellschaft anderer sollte mit einem Zeichen von Respekt gegenüber den Anwesenden ausgeführt werden.«

»Erhalte mit aller Kraft jenes kleine Fünkchen des himmlischen Feuers in deinem Herzen, das wir Gewissen nennen.«

DAS SIND DIE ERSTE und die letzte der 110 »Richtlinien der Höflichkeit und des annehmbaren Verhaltens in der Arbeit und im Gespräch«, die im Allgemeinen dem ersten Präsidenten der USA, George Washington (1732–1799) zugeschrieben werden.

Allerdings ist der »Vater der Nation« nicht der Urheber, sondern Washington kopierte lediglich handschriftlich eine Sammlung von Regeln französischer Jesuiten aus dem 16. Jahrhundert – und er war dabei erst 14 Jahre alt. Gefunden wurden seine »Rules of Civility« erst lange nach dem Dahinscheiden des Präsidenten, und zwar in einem alten Schulheft, das er auf seinem Gut Mount Vernon in Virginia aufbewahrt hatte. Es handelt sich bei den 110 Merksätzen also nicht um das Manifest eines weisen Staatsmannes, sondern vermutlich um Schönschreibübungen des Schülers George Washington. Das merkt man ihnen auch an, denn nach heutigem Verständnis nehmen sich die Anweisungen von »Halte beim Sitzen die Füße still« bis hin zu »Töte keine Läuse, Fliegen oder sonstige Schädlinge im Beisein anderer« arg kindlich aus. Und dennoch sind Washingtons Regeln noch in einem amerikanischen Etikettebuch von 1967 vollständig abgedruckt. Sie bilden im Kern eine bürgerliche Anstandslehre, die die amerikanische Soziologie bis heute modelliert.

Die preußischen Tugenden

(um 1750)

AUFRICHTIGKEIT UND EHRLICHKEIT

BESCHEIDENHEIT UND ZURÜCKHALTUNG

PFLICHTBEWUSSTSEIN

FLEISS

BILDUNG

GERECHTIGKEITSSINN

GERADLINIGKEIT

GOTTESFURCHT

MUT

ORDNUNGSSINN

PÜNKTLICHKEIT

REDLICHKEIT

SELBSTVERLEUGNUNG

SPARSAMKEIT

TAPFERKEIT

TOLERANZ

TREUE

UNBESTECHLICHKEIT

ZUVERLÄSSIGKEIT

DEN PREUSSISCHEN TUGENDKATALOG gibt es eigentlich gar nicht. Verbürgt sind lediglich einzelne Aussagen von Friedrich II. (»Friedrich der Große«), der 1740 den Thron des Königreichs Preußen bestieg, wie zum Beispiel:

- »Die Tugend muss bekannt werden, gute Taten sind herauszustreichen, damit sie womöglich noch größeren Glanz erhalten und die für sie empfänglichen edlen Seelen zur Nacheiferung anspornen.«
- »Man kann die Tugend nicht hoch genug achten, noch die, die sie üben, genug ermutigen. Das Staatsinteresse verlangt, dass alle Bürger Tugenden üben.«
- »Die nützlichen Tugenden der Bürger sind Menschlichkeit, Billigkeit, Tapferkeit, Wachsamkeit und Arbeitsliebe.«

Die viel zitierten »Preußischen Tugenden« sind also letztlich nicht abschließend und verbindlich festgelegt (etwa in der Art der Zehn Gebote), können aber wohl mit den auf Seite 150 aufgeführten umrissen werden.

Das Königreich Preußen bestand aus den Herrschaftsgebieten der Hohenzollern beziehungsweise den Landesteilen Brandenburg, Pommern, Preußen, Geldern, Kleve, Moers, Krefeld, Tecklenburg, Lingen, Minden, Mark, Ravensberg, Lippstadt, Magdeburg, Halberstadt, Neuenburg und Valangin. Als Friedrich Wilhelm 1640 Kurfürst von Brandenburg wurde, hatte er zuvor einige Jahre in den Niederlanden verbracht, wo er sowohl ein hoch entwickeltes Staatswesen vorfand als auch die protestantisch-calvinistische Moral schätzen lernte. Von ihm ist folgendes »tugendhaftes« Reimgesetz überliefert:

»Mirabolanenfrucht, vol kraft und tugend ist,
Sie helt untadelich gantz rein marck und geblüte.
Der Nahm' Untadelich ward mir daher' erkiest,
weil ohne tadel nur sol sein sin und gemüte.
Und wer sein hohes Ambt wol ab in demut misst,
befleist darneben sich des Rechtens und der güte,
derselbe bringt gewis untadeliche frucht
und find der tugend kraft also wie er gesucht.«

Auf Friedrich Wilhelm sowie auf die späteren Preußenkönige Friedrich Wilhelm I., den sparsamen, bürgerlichen Soldatenkönig, und insbesondere dessen aufklärerischen Sohn Friedrich den Großen, gehen letztendlich die »Preußischen Tugenden« zurück. Historisch unzweifelhaft bedingten in erster Linie diese gesellschaftlichen

Leitbilder den Aufstieg Preußens trotz schlechter Voraussetzungen (sandige, magere Ackerböden, große Verwüstungen und Dezimierung der Bevölkerung im Dreißigjährigen Krieg) zur führenden Macht in Deutschland und europäischen Großmacht.

Umstritten waren und sind die Preußischen Tugenden jedoch gestern wie heute. Damals, weil Friedrich der Große sich zwar erster Diener des Staates nannte, gleichzeitig aber selbst der Staat war – also genau genommen sich selbst diente. Heute, weil die »Durchsetzung dieser Tugenden letztendlich auch zur Errichtung von Konzentrationslagern führte«, schreibt etwa die Potsdamer Uni-Zeitung Putz.

Auch dem evangelischen Pfarrer und »Wort zum Sonntag«-Sprecher Burkhard Müller sind viele der preußischen Tugenden suspekt: »Als so genannte Sekundärtugenden setzten sie sich an die Stelle wirklicher Tugenden, für mich zum Beispiel Glauben, Hoffen und Lieben. Ist zum Beispiel die Tugend ›Gehorsam‹ wirklich ein Werkzeug in der Hand der Gehorsamen und nicht viel mehr ein Mittel, die Gehorsamen zu willigen Werkzeugen in der Hand der Obrigkeit zu machen?

Gleichwohl verhehlt auch Müller nicht, dass im dahindümpelnden Deutschland preußische Tugenden wie damals zu einem Aufschwung beitragen könnten: »Mehr Fleiß, länger zu arbeiten (35-Stunden-Woche), mehr Ehrlichkeit, die sich nicht bestechen lässt (Schwarzgeldaffäre), mehr Bescheidenheit auch unter Leistungsträgern unseres Landes (Managergehälter), mehr Toleranz gegenüber Fremden wie im preußischen (nach heutigen Maßstäben: multikulturellen) Vielvölkerstaat …«

Anscheinend liegt in dieser Ambivalenz der Preußischen Tugenden auch ihre Herausforderung. Wohl nicht von ungefähr werden sie immer wieder auch in der politischen Debatte thematisiert. So sprach sich 2006 der brandenburgische Ministerpräsident Matthias Platzeck für eine Rückbesinnung auf positive preußische Tugenden in Politik und Gesellschaft aus: »Auch wenn es für manchen altmodisch klingt: Bewährte Grundeigenschaften wie Anständigkeit, Verlässlichkeit und Pflichterfüllung sollten in Deutschland wieder mehr Einzug halten.«

Prompt fragte die *Bild*-Zeitung publikumswirksam ihre Leser: »Kann das unser Land wieder voranbringen?« Parallel dazu versuchte sich das Boulevardblatt an einer aktuellen Interpretation der alten wilhelminischen Werte:

Anstand:
Damals: Preußens Ministerpräsident Bismarck wies Akten zurück, deren Unterschrift er nicht lesen konnte. Er verlangte korrekte Kleidung und sprach jeden mit Namen an. Heute rätseln wir über Kritzeleien unter Briefen. Als höflich gilt schon, wer einen Pullunder trägt und sein Gegenüber mit »Hey, du!« anquatscht.

Verlässlichkeit:
Damals war für die Geschäftsleute der Handschlag ein Vertrag. Heute arbeiten Armeen von misstrauischen Anwälten, um nur jeden Geschäftsvorfall »wasserdicht« zu machen.

Pflichterfüllung:

Damals schrieb Immanuel Kant, Professor im (preußischen) Königsberg: »Handle nur nach der Maxime, durch die du zugleich wollen kannst, dass sie ein allgemeines Gesetz werde.« Heute arbeiten wir mit lästigen »Pflichtenheften« und stochern mit Stiften auf unseren »Palms«, um nur ja keine »Verpflichtung« zu versäumen.

Sparsamkeit:

Damals hinterließ Friedrich der Große (1712–86) eine prall gefüllte Staatskasse: »Die Finanzen sind der Nerv des Landes.« Heute sind die Schulden des Staates auf Rekordhöhe.

Disziplin:

Damals hatte jeder Beamte einen Dienst- und einen Privatbleistift. Heute führen wir schamlos stundenlange Privatgespräche auf Kosten unserer Arbeitgeber.

Pünktlichkeit:

Damals kam der reichste preußische Bankier Carl Fürstenberg jeden Morgen um exakt dieselbe Minute in sein Kontor. Heute gilt schon als »pünktlich«, wer zu Arbeitsbeginn erst mal seinen Kaffee schlürft.

Bildung:

Damals war das preußische Schul- und Universitätssystem legendär. Preußen erforschten die Welt (Alexander von Humboldt) und erfanden den Dynamo (Siemens). Heute beklagen wir das »Pisa«-Problem mit skandalöser

Lese- und Schreibschwäche und doktern jahrelang an der Schlechtschreibreform herum.

Toleranz:

Damals gewährte Preußen Religionsfreiheit und den Juden das volle Bürgerrecht. Heute sind wir besonders intolerant gegenüber Kindern und rufen bei ihrem Lachen und Ballspiel gern die Polizei.

Fleiß:

Damals schrieb Friedrich der Große: »Tätigkeit ist das beste Heilmittel gegen alle Leiden des Körpers.« Heute sind wir Meister im »Brückenbau«, machen aus vier freien Tagen gleich zehn und lassen uns jede halbe Überstunde vom Personalbüro bestätigen.

Mut:

Damals zog ein einfacher preußischer Mühlenbesitzer sogar gegen seinen König vor Gericht – und gewann. Heute haben die Volksvertreter vor lauter Angst, Stimmen zu verlieren, nicht den Mut, den Bürgern vor der Wahl reinen Wein einzuschenken.

»Grundsätze und Lebensregeln auf hohen Schulen« von Johann Peter Willebrandt

(1758)

Vertreibet eure Zeit nicht mit nichtswürdigen Spitzfindigkeiten, sondern wendet sie zu solchen Sachen an, welche zu eurem Zweck gehören.

Vermeidet auch insonderheit das unmäßige Nachtstudiren, und wisset, dass die übertriebenen Bäume selten lange und dauerhafte Früchte tragen. Gefällt es euch hingegen, so theilet eure Zeit dergestalt ein, dass ihr vier Stunden zum Anhören, vier Stunden zum Wiederholen, vier Stunden zu den ergötzenden Wissenschaften, vier Stunden zum Speisen und zur Bewegung, und die übrige Zeit zur Ruhe anwendet.

Hütet euch vor unmäßigem Saufen. Der Wein im Uebermaße ist die Quelle großen Ungemachs. Er verursachet Krankheiten, Streitigkeiten, Empörung, Eckel vor der Arbeit und Unordnung in allen Geschäften.

Beweiset Großmuth, wenn euch ein Besoffener oder Jähzorniger beleidiget. Beweiset aber auch edle Herzhaftigkeit, wenn man aus Vorsatz eure Ehre kränket. Von eurer ersten Aufführung in diesem Stücke wird eure künftige Ruhe und Ehre abhängen.

Vermeidet das Dorfreiten, und die damit gemeiniglich verknüpfte Gelegenheiten zu huren und zu spielen.

Vermeidet alle verdächtigen Häuser. Seyd ihr aber dennoch verleitet, Ausschweifungen gegen das sechste Gebot zu begehen, und empfindet ihr bald´den Sold der Sünde durch garstige Krankheiten, so seyd nicht zu blöde, eure Umstände mit aller Aufrichtigkeit einem geschickten Arzte beyzeiten zu entdecken, damit ihr euch und eurem Geschlechte nachhero nicht zur Schande werdet.

EIGENTLICH BEDEUTET »SPRING BREAK« nicht mehr als eine Woche Kurzferien für amerikanische Collegeboys und -girls im Frühling.

Aber längst ist daraus eine Art inoffizielle Meisterschaft im schlechten Benehmen geworden: »Wie eine Heuschreckenplage fallen amerikanische Studenten im April zu Hunderttausenden in die Strandhotels von Florida ein«, liest man alljährlich in der Presse. »Ihr einziger Wunsch: Babewatch, Party, schneller Sex, Trinken bis zum Delirium. Die vergnügungssüchtige Meute ist überall, wo die Sonne lacht – und sie benimmt sich überall daneben.«

Der ehrenwerte Advokat und Regierungsrat Johann Peter Willebrandt (1719–1786) wusste noch nichts vom »Spring Break« – offenkundig aber von den damaligen studentischen Lieblingsvergnügen. Ob es während seines Jurastudiums in Halle, in der ersten Hälfte des 18. Jahrhunderts, wesentlich gesitteter zuging als heute?

Nicht unbedingt, denn der Reiz der akademischen Plackerei lag eben gerade im freien Lebensstil und in der Befreiung vom Militärdienst. Und auch damals gab es schon Studienabbrecher, Langzeit-Bummelstudenten, Studiengebühren, sinkende Studienleistungen. Die Professoren waren auf Hörergelder (die Lernenden bezahlten für die Vorlesungen) und lukrative Privatkollegien angewiesen und lockten sich mit mildem Walten und milden Prüfungen gegenseitig die Studenten weg, was das allgemeine Niveau immer weiter sinken ließ.

Erst gegen Mitte/Ende des 18. Jahrhunderts gingen Pädagogen, Politiker und Philosophen den »im Zunftwesen erstarrten« deutschen Universitäten an den Kragen – Reformen wurden durchgesetzt oder gleich neue Lehranstalten gegründet.

Nach wie vor freilich genossen Studenten unter anderem die Freizügigkeit im Reisen – weshalb Willebrandts »Grundsätze und Lebensregeln auf hohen Schulen« auch in einem Handbuch mit dem Titel »Historische Berichte und praktische Anmerkungen auf Reisen« erschienen.

Blättert man darin weiter, so scheint es, dass die Gefahren und Verlockungen an den Höfen denen der Universitäten ähnlich gewesen sind, zumindest was Frauen und Alkohol anbelangt: »Die Kunst, mit dem weiblichen Geschlechte am Hofe umzugehen … erfordert Gottesfurcht und Verstand; fehlet euch das eine nicht, so wird euch das andere nicht mangeln.«

Und: »Fliehet die Gelegenheit zum Saufen; glücklich seyd ihr, bey der Notwendigkeit in dieser Art auszuschweifen, wenn ihr nicht gleich nach der ersten Flasche zu Boden sinket.«

»Spring Break« lässt grüßen.

Der Kategorische Imperativ

(1781)

Handle so, dass die Maxime deines Willens jederzeit zugleich als Prinzip einer allgemeinen Gesetzgebung gelten könnte.

IMMANUEL KANTS (1724–1804) ethische Texte zu lesen und zu verstehen, ist Schwerstarbeit. In Robert Musils »Die Verwirrungen des Zöglings Törless« etwa will der junge Internatszögling Törless sich über die »Kritik der reinen Vernunft« hermachen: »Aber vor lauter Klammern und Fußnoten verstand er kein Wort, und wenn er gewissenhaft mit dem Auge den Seiten folgte, war ihm, als drehe eine alte, knöcherne Hand ihm das Gehirn in Schraubenwindungen aus dem Kopfe.«

Versuchen wir daher, Kants »Kategorischen Imperativ« anhand eines Beispiels zu durchdringen:

»Ich sehe einen Geldboten der Sparkasse auf der Straße, der die Geldtasche ungesichert in der Hand trägt, und beschließe, sie ihm mit einem kurzen Ruck zu entreißen, ohne ihm Schaden zuzufügen, und schnell in der Menge zu verschwinden. Das ist nicht so schlimm, denke ich, denn die Banken schwimmen sowieso alle im Geld und außerdem sind sie versichert.«

Warum ist diese Handlung nach dem »Kategorischen Imperativ« als unmoralisch zu verwerfen – obwohl ich doch durchaus wollen kann, auf diese Weise an Geld zu kommen, und möglicherweise sogar mit guten persönlichen Gründen: Weil ich in Geldnot bin oder weil ich mein Lebensgefühl steigern möchte?

Richtig ist: Unter einer »Maxime« versteht Kant einen subjektiven Grundsatz, nach dem der Einzelne handelt.

Aber: »Der zweite Schritt ist, diese Maxime zu verallgemeinern und sie sich als allgemeines Gesetz vorzustellen«, erklärt der Philosoph und Theologe Ralf Ludwig in seinem Buch »Kant für Anfänger«. Also einmal angenommen, in unserem Land gäbe es das Gesetz: Das Bestehlen von Sparkassen ist zum Zwecke der Steigerung des Lebensgefühls erlaubt. »Wenn ich darüber nachdenke«, sinniert Ludwig, »wird meine Vernunft zu dem Ergebnis kommen: Wenn ich ein solches Gesetz wirklich will, muss ich auch wollen, dass meine eigenen Ersparnisse auf der Bank von anderen gestohlen werden können. Dem Wunsch aber, bestohlen zu werden, liegt ein Wollen zugrunde, dem man nur schwer das Prädikat der Vernunft verleihen kann.«

Und die Vernunft – das war für Kant das Höchste. (Der Buchtitel »Kritik der reinen Vernunft« steht dazu nicht im Widerspruch. Es geht darin nicht um »Kritik an der reinen Vernunft«, sondern Kant unterzieht in seiner ethischen Hauptschrift die gesamte menschliche Erkenntnis einer Untersuchung und Prüfung – »Kritik« – durch die Vernunft.)

Der Kategorische Imperativ wird oft vereinfacht mit der »Goldenen Regel« (Seite 34) gleichgesetzt: Was du nicht willst, das man dir tu, das füg auch keinem andern zu. Doch Kants philosophische Konstruktion geht deutlich darüber hinaus.

Die entscheidende Frage an beide Handlungsnormen – Goldene Regel und Kategorischer Imperativ – ist die, ob verschiedene Menschen bei Anwendung der jeweiligen Forderung zu übereinstimmenden Ergebnissen gelangen. Bei der Goldenen Regel ist das eher fraglich, denn wenn etwa ein Frühaufsteher sich fragt, ob er am Sonntagmorgen um 8 Uhr jemanden anrufen darf, so kommt er dabei zu einem anderen Ergebnis als ein passionierter Langschläfer.

Kant hingegen war davon überzeugt, ein objektives Gesetz entdeckt zu haben, das »kategorisch« (also ohne jede Einschränkung) für jeden in jeder Situation gültig ist und dessen Richtigkeit und Verbindlichkeit ein vernünftig denkender Mensch einfach anerkennen muss. Moralisch handelt demnach nur derjenige, der sich nicht von sinnlichen Bestimmungsgründen leiten lässt. Nicht wechselhafte Triebe, Bedürfnisse und Neigungen sollen den Willen bestimmen, sondern allein die Pflicht, dem Sittengesetz zu folgen. Der Kategorische Imperativ ist so gesehen keine simple Regel, die jemand aufstellt – sondern das Ergebnis einer Analyse der bereits vorhandenen menschlichen Moral.

Ob der Königsberger Meisterdenker und Professor für Logik und Metaphysik damit richtig lag? Berühmt wurde die Kritik Friedrich Schillers, der Kant eine unmenschliche Verbannung edler Gefühle und Neigungen vorwarf und dies so zusammenfasste: »Gerne dient ich den Freunden, doch tue ich‘s leider mit Neigung. Und so wurmt es mich oft, dass ich nicht tugendhaft bin …«

Auch heute noch wird am Kategorischen Imperativ bemängelt, dass für Kant die moralische Verpflichtung eines Individuums unabhängig vom Handeln der anderen bestehe. Und das »kann zu Fehlern führen«, lesen wir im Internet-Forum »Ethik-Werkstatt«. »Ein Beispiel mag dies erläutern. Die Handlungsmaxime lautet: Verzichte auf die Durchsetzung deiner Interessen mit Waffengewalt und vernichte deine Waffen. Von dieser Maxime kann ich ohne Probleme wollen, dass sie ein allgemeines Gesetz wird. Es wäre jedoch unklug, nach dieser Maxime zu handeln, wenn nicht eine ausnahmslose Befolgung dieser Norm gewährleistet ist. Ansonsten schaffe ich nur wehrlose Opfer für denjenigen, der seine Waffen behält, um andere zu unterwerfen.«

»Das Göttliche« von Johann Wolfgang von Goethe

(1783)

Edel sei der Mensch,

Hilfreich und gut!

Denn das allein

Unterscheidet ihn

Von allen Wesen,

Die wir kennen.

Überhöht und erhaben – das sind die Kennzeichen »klassischer« Dichtung.

Die Literaturepoche der Klassik begann 1786 mit Johann Wolfgang von Goethes erster Italienreise. Dort lernte er mit eigenen Augen die Antike (bzw. deren Überreste) kennen, sie wurde von da an zu seinem Vorbild.

Goethes Gedicht »Das Göttliche« ist eines seiner berühmtesten Werke und nahm seine Entwicklung vom »Stürmer und Dränger« zum Klassiker schon drei Jahre zuvor vorweg. Nach der so genannten Sturm- und Drangzeit, in der die Literaten mehr das Gefühl betonten als den Verstand, sollte nun das Gefühl vom Verstand gebändigt werden und der Mensch sich so zu einem sittlich immer vollkommeneren Wesen entwickeln.

Die Klassik inszenierte literarisch und künstlerisch das antike Humanitätsideal, das Gute, Wahre, Schöne. Der Grundgedanke von »Das Göttliche« ist, dass der Mensch sich diesem Ideal annähern soll.

In der zehnten und letzten Strophe des Gedichts greift Goethe auf den Gedanken der ersten Strophe zurück – aus der eingangs formulierten These wird nun eine ultimative Forderung:

Der edle Mensch

Sei hilfreich und gut!

Unermüdet schaff er

Das Nützliche, Rechte,

Sei uns ein Vorbild.

Jener geahneten Wesen!

»Über den Umgang mit Menschen« von Adolph Freiherr von Knigge

(1788)

Keine Regel ist so allgemein, keine so heilig zu halten, keine führt so sicher dahin, uns dauerhafte Achtung und Freundschaft zu erwerben, als die:

Unverbrüchlich, auch in den geringsten Kleinigkeiten, Wort zu halten, seiner Zusage treu, und stets wahrhaftig zu sein in seinen Reden. Nie kann man Recht und erlaubte Ursache haben, das Gegenteil von dem zu sagen, was man denkt, wenngleich man Befugnis und Gründe haben kann, nicht alles zu offenbaren, was in uns vorgeht.

Es gibt keine Notlügen; noch nie ist eine Unwahrheit gesprochen worden, die nicht früh oder spät nachteilige Folgen für jedermann gehabt hätte.

Der Mann aber, der dafür bekannt ist, streng Wort zu halten und sich keine Unwahrheit zu gestatten, gewinnt gewiss Zutrauen, guten Ruf und Hochachtung.

DER »KNIGGE« – ein Benimmbuch, dem man zum Beispiel entnehmen kann, wie man beim gedeckten Tisch Rot- zu Weißweingläsern gruppiert?

Nein. Adolph Franz Friedrich Ludwig Freiherr Knigge (1752–1796) gab keine staubtrockenen Tipps zur Stilkunde; der Mann war ein echter Sozialreformer, der sogar dem legendären Geheimbund der »Illuminaten« nicht nur angehörte, sondern ihn maßgeblich prägte.

Spätestens seit dem Romanbestseller *»Illuminati«* ist uns diese mysteriöse Clique von einflussreichen Super-Verschwörern präsent. In seinem Buch stilisiert Dan Brown die Illuminaten zur »gefährlichsten antichristlichen Macht auf Erden«, zu einer »sehr mächtigen, sehr geheimen Sekte«. Was hatte ein »gern gesehener Kurzweilmacher« (so das Urteil seiner Zeitgenossen) und Schriftsteller wie Adolph Freiherr von Knigge mit solchen Finsterlingen zu schaffen?

Das zu ergründen, erfordert zunächst einmal, »Illuminati« aller historischen Halbwahrheiten und Weltverschwörungsmythen zu entkleiden. Denn die Wirklichkeit sah ganz anders aus.

Ein elitärer Club von naiv-harmlosen Weltverbesserern – mehr vermag die seriöse Geschichtswissenschaft im »Bund der Illuminaten« nicht zu erkennen, der sich im letzten Viertel des 18. Jahrhunderts in Bayern entwickelte. Am 1. Mai 1776 rief der Professor für Kirchenrecht und Philosophie Adam Weishaupt an der Universität Ingolstadt einen studentischen Lesezirkel ins Leben, der sich zunächst »Perfectibilisten« nannte – eine Art Stammtisch seiner besten Schüler.

Diese akademische Studiengemeinschaft sollte ihren Mitgliedern ermöglichen, ungestört die zeitgenössische aufklärerische Literatur zu studieren, wie Montaigne, Rousseau und andere »erwärmende Schriften«.

Seine »Perfectibilisten« betrachtete der verschrobene Stubengelehrte als geheimen Weisheitsbund, in den nur junge Akademiker aufgenommen werden und sich ungestört dem widmen sollten, was »Dummheit und Pfaffeneigennutz von den öffentlichen Kathedern« (Weishaupt) verbannt hatten. Da der Kirchenrechtler Weishaupt sich als Nicht-Theologe bereits von Jugend an »auf das heftigste von Jesuiten und ihrem Anhang verfolgt« fühlte, legte er den »Perfectibilisten« strikte Geheimhaltung auf: »Stillschweigen und Geheimnis sind die Seele unseres Ordens.« Er selbst gab sich den (Tarn-)Ordensnamen »Spartacus«, nach dem altrömischen Sklavenrebellen.

Bis 1778 zählten die »Perfectibilisten« anscheinend nur etwa zehn bis 20 Mitglieder. Zum elitären Zirkel entschiedener Aufklärer gegen die traditionelle religiöse und politische Autorität zur Zeit des fürstlichen Absolutismus avancierte der lose Studentenbund erst mit dem Beitritt des Freiherrn Adolph von Knigge, der sogar als »zweiter Ordensgründer« gefeiert wurde.

Ab 1781 gestaltete der weltmännische Literat (Ordensname »Philo«) wie ein heutiger Parteistratege die Geheimgesellschaft anhand eines »Reformplans« um. Dank Knigges Neukonzeption und seinen Werbefeldzügen stieg die Mitgliederzahl auf schätzungsweise 2500 »edle, vornehme, gelehrte und wichtige Männer« (Knigge).

Allerdings kühlte das Verhältnis zwischen Weishaupt und Knigge sehr rasch ab. Der Bruch zwischen dem despotischen Weishaupt und dem demokratisch gesinnten Knigge gipfelte schließlich 1784 im Austritt Knigges. Von da an verging nur noch ein Jahr bis zum Ende des Illuminatenordens. Schon 1784 hatte der bayerische Kurfürst

Karl Theodor ein allgemeines Verbot aller ohne »landesherrliche Bestätigung« gegründeten »Communitäten, Gesellschaften und Verbindungen« erlassen. 1785 wurde der Bund der Illuminaten durch ein kurfürstliches Dekret endgültig verboten.

Noch heute geistert der Illuminaten-Bund als Sinnbild konspirativer Politik und Machtentfaltung durch die Verschwörungsliteratur. Aber ist diese Lesart der eher kläglichen, nicht einmal ein Jahrzehnt lang währenden Geschichte des Illuminatenordens haltbar? Sehr wahrscheinlich nicht.

Einige Jahre nach seinem Austritt erklärte Knigge, die Ziele der Illuminaten seien geteilt worden »von regierenden und apanagierten, mächtigen und weniger mächtigen, geistlichen und weltlichen Fürsten, von Staatsministern, Räten in hohen und niederen Reichs- und anderen Gerichten, Gesandten, Heerführern« – und verspottete damit zugleich die Idee, dass »solche Männer an einer schändlichen Verschwörung« teilnehmen würden.

Tatsächlich schwärmten die Illuminaten zu keinem Zeitpunkt von der Revolution, vom gewaltsamen Umsturz, sondern von einer Art »Sittenregiment«, also von der sittlichen Erziehung erst der Ordensmitglieder und dann der ganzen Menschheit.

Knigge selbst hatte, wie beschrieben, schon 1784 die erhoffte »Erneuerung des geistigen Lebens der Nation« durch die Illuminaten als nicht durchführbar erkannt. Fortan widmete er sich seinen eigenen Aufklärungsschriften und brachte 1788 sein bekanntestes Werk »Über den Umgang mit Menschen« heraus – heute einfach als »Knigge« geläufig.

In den einzelnen Kapiteln geht es um den »Umgang mit sich selbst«, den »Umgang mit Leuten von verschiedenen Gemütsarten, Temperamenten und Stimmungen des Geistes und Herzens«, den »Umgange unter Personen von verschiedenem Alter«, den »Umgange unter Eltern, Kindern und Blutsverwandten«, den »Umgange unter Eheleuten«, »mit und unter Verliebten«, »Frauenzimmern«, »Freunden« und über »die Verhältnisse zwischen Herrn und Diener«, das »Betragen gegen Hauswirte, Nachbarn und solche, die mit uns in demselben Hause wohnen« und so weiter.

In der Online-Enzyklopädie »Wikipedia« rezensiert ein Kritiker Knigges Buch folgendermaßen: »Er beabsichtigte damit eine Aufklärungsschrift für Taktgefühl und Höflichkeit im Umgang mit den Generationen, Berufen, Charakteren, die einem auch Enttäuschungen ersparen sollte. Man kann Knigges durchdachte und weltkundige Erläuterungen sehr wohl als angewandte Soziologie würdigen.«

Heute werden als »Knigge-Kompetenz« *(Manager-Magazin)* beispielsweise »die Grundregeln der Speisefolge« oder »Faustregeln für das kalte Büfett« missverstanden.

Tatsächlich aber schrieb der Jurist und Kleinadlige »gegen Despotismus, Dummheit, Aberglauben, Ungerechtigkeit, Untreue und Müßiggang« an.

Die bürgerlichen Tugenden

(um 1800)

FLEISS

SPARSAMKEIT

ORDNUNG

SAUBERKEIT

PÜNKTLICHKEIT

MIEFIG, SPIESSIG, RÜCKWÄRTS GEWANDT – ist das der Geruch der so genannten bürgerlichen Tugenden? Anscheinend nicht, denn landauf, landab wird über die »neue Bürgerlichkeit« debattiert.

Politiker erklären öffentlich, »die bürgerliche Wende« vollziehen zu wollen. Einflussreiche Vordenker wie der Verfassungsrichter Udo Di Fabio beklagen einen eklatanten Mangel an Lebenskonzepten, die »gleichermaßen persönlichen Erfolg, privates Glück und gemeinschaftliche Vitalität« versprechen. Journalisten konstatieren ein aus vielen kleinen Partikeln entstehendes Mosaik des Neubürgerlichen, aus dem viele am liebsten »echte Werte« ziehen möchten.

Früher wurden Menschen »Bürger« genannt, die im

Umkreis einer Burg lebten und das Recht hatten, bei Kriegsgefahr innerhalb der Burgmauern Schutz zu suchen. Dieses Recht hatten etwa die Bauern oder fahrende Händler und Gaukler nicht. Aus dem Begriff »Bürger« entwickelte sich das Bürgertum. Das waren die Stadtbewohner und -bewohnerinnen. Die »bürgerlichen Tugenden« wurzelten in einer gemeinsamen Mentalität des Bürgertums in Abgrenzung zum höfischen Adel einerseits und zum »gemeinen Volk« auf der anderen Seite.

Die neuen Tugenden waren unscheinbar, mussten es sein, wenn man Ordnung schaffen wollte in dem Chaos, das Absolutismus, Revolutionen und Kriege hinterlassen hatten. Der unzeremonielle Verhaltensstil der »Bürger« zeichnete sich in erster Linie durch Nüchternheit aus: Bescheidenheit kam zu Ehren, ebenso die Ablehnung von Luxus in Kleidung, Nahrung, Wohnung sowie Einfachheit im Umgang miteinander.

Im 20. Jahrhundert stempelte die Kulturrevolution der so genannten 68er die bürgerlichen Tugenden zu Werkzeugen der Repression und machte sie zum Gespött. »Kritik an bürgerlichen Institutionen und Werthaltungen war wohlfeil bei den Intellektuellen, die gegen das Establishment zu Felde zogen, den Muff in den Talaren witterten und statt Ordnung und Sauberkeit ungehinderte Selbstverwirklichung in einer von Leistungszwängen befreiten Gesellschaft propagierten« *(zit. nach Rheinischer Merkur)*.

Mittlerweile dagegen gilt eine »runderneuerte bürgerliche Haltung« als taugliches Mittel, um gewachsene moralische Schieflagen auszugleichen – vorausgesetzt sie ist »mehr als ein vor Freunden und Nachbarn aufgeführtes Theater der Wohlerzogenheit«, merkt *Die Zeit* an. Und arbeitet zugleich das unerwartet anarchistische Potenzial der bürgerlichen Tugenden heraus: »Wer sich bürgerlich geriert, signalisiert, dass er sich Grenzen setzen kann, Grenzen des Konsumismus, des Genusses, der Sexualität. Das zeigt ein Bedürfnis nach Moral an, aber die Moral besteht nicht mehr in einem verlässlichen Koordinatensystem aus Erlaubtem und Untersagtem. Beschränkungen des eigenen Handelns zu entwickeln und zu begründen wird zur Sache des Einzelnen.

Entgegen der Vermutung droht Moralität keineswegs zu verdampfen. Nur muss sich die Person das normative Gerüst selbst zimmern, in dessen Rahmen sie leben will. Darin steckt auch Rebellion: Man ist ja in Wirklichkeit nicht jener spaßgesellschaftliche Depp, der zu sein einem der Chor aus People-Presse, konservativer und linker Kulturkritik einredet.«

Die Moral der Märchen

(um 1812)

»Mach dich auf, bevor es heiß wird, und wenn du hinauskommst, so geh hübsch sittsam und lauf nicht vom Weg ab, sonst fällst du und zerbrichst das Glas, und die Großmutter hat nichts.

Und wenn du in ihre Stube kommst, so vergiss nicht, guten Morgen zu sagen, und guck nicht erst in alle Ecken herum.«

(Rotkäppchen)

DEN ELTERN GEHORCHEN, nicht vom rechten Wege abgehen … Auf den ersten Blick scheinen in den Volksmärchen viele bürgerliche Idealvorstellungen durch, und tatsächlich sammelten die Brüder Jakob und Wilhelm Grimm ihre Geschichten im Bürgertum und für das Bürgertum.

»Erst bei näherem Hinsehen merkt man, dass das eigentlich nur Beiwerk ist«, erklärt der Literaturwissenschaftler und Deutschlands Märchenexperte Nummer eins, Prof. Dr. Heinz Rölleke: »Die Moral der Märchen, wenn es überhaupt eine gibt, ist genau entgegengesetzt. Der König im ›Froschkönig‹ befiehlt der Tochter, mit dem Frosch zu schlafen, ob sie will oder nicht, denn sie hat es ihm versprochen. Die Prinzessin aber ermordet den Frosch, indem sie ihn gegen die Wand schmeißt. Sie handelt also extrem unmoralisch und wird dafür mit einem

Prinzen belohnt.« Auch Rotkäppchen schert sich letztlich nicht um die mütterlichen Ermahnungen und macht am Ende sein (Märchen-)Glück. Rölleke: »Die Märchenfigur muss sogar gegen die Gebote verstoßen, damit sie den Reifeprozess durchleben kann.«

Und heute? Taugen die »Kinder- und Hausmärchen« der Gebrüder Grimm (erschienen zwischen 1812 und 1815) immer noch als Illustration dafür, dass unkonformes Handeln oftmals moralischer ist als angepasstes. Die Zeitschrift *Fluter* der *Bundeszentrale für Politische Bildung* aktualisierte – in einem Sonderheft zum Thema Moral – diese Lebensweisheit an einem Klassiker entlang:

Des Kaisers neue Kleider:

»Ein eitler König bekommt eines Tages Besuch von zwei freischaffenden Stilberatern, die ihm ein Wunderwams versprechen. Das Kleidungsstück soll eine magische Fähigkeit besitzen: Für inkompetente Mitarbeiter ist es unsichtbar. Die Modeschöpfer weben gar keinen Stoff, weil aber keine der Hofschranzen als Idiot dastehen will, traut sich niemand, die Wahrheit zu sagen.

Nur ein kleines Kind, das die Regeln des Spiels noch nicht kennt, sagt, was alle sehen: Er hat ja gar nichts an.

Der König ist blamiert, tut aber so, als habe er nichts gehört, und bleibt so an der Macht. Einen jeden plagen manchmal Zweifel an der gesellschaftlichen Ordnung: Ist Michael Ballack wirklich nicht zu ersetzen? Leben wir in der besten aller Welten? Dann sagt man sich: Wird schon was dran sein, wenn alle das sagen. Aber man sollte solche Zweifel ernst nehmen. Es haben schon ganze Länder an die absurdesten Dinge geglaubt.

Ob sich aber etwas ändert, wenn man es an- und ausspricht – das ist eine andere Geschichte.«

»Positiv denken« nach Ralph Waldo Emerson

(um 1838)

»Nicht umsonst gelebt zu haben bedeutet:

Oft und viel lachen

Die Achtung intelligenter Menschen und die Zuneigung von Kindern gewinnen

Die Anerkennung aufrichtiger Kritiker verdienen und den Verrat falscher Freunde ertragen

Schönheit bewundern, im anderen das Beste finden

Die Welt ein wenig besser verlassen, ob durch ein gesundes Kind, ein Stückchen Garten oder einen kleinen Beitrag zur Besserung der Gesellschaft

Wissen, dass wenigstens das Leben eines anderen Menschen leichter war, weil du gelebt hast.«

Ralph Waldo Emerson (1803–1882) war Pfarrer einer Unitarier-Kirche in Boston, gab aber 1832 sein Priesteramt auf und begründete als einer der populärsten Philosophen Amerikas den amerikanischen »Transzendentalismus«, der stark das spätere »positive Denken« beeinflusste.

Emersons Credo: »Der Mensch ist sein eigen Geschick; und die Seele, die den Menschen rechtschaffen und vollkommen macht, gebietet allem Licht, aller Macht, allem Schicksal. Alles geschieht ihm zur rechten Zeit. Ob gut oder schlecht, unsere Taten sind unsere Engel, unsere Schicksalsschatten, die uns stets begleiten.«

Bedeutet: Das Individuum soll nur sich selbst und seiner inneren Eingebung vertrauen. Historiker mutmaßen, dass Emerson mit seinem Priesteramt anscheinend auch das alte religiöse Gottvertrauen abhanden kam. Tatsächlich aber ging es ihm wohl um einen Aufruf zur Freiheit des Menschen von künstlichen Zwängen.

Emersons Nachfolger walzten den ohnehin schon recht seichten Transzendentalismus zur platten Lebensphilosophie des »positiven Denkens« aus – zur konsequenten Sicht der Welt durch eine rosa Brille, folgend einer Emersonschen Sotisse: »Wir wissen ganz genau, dass wir alles in uns haben.«

»Positiv denken« als zweckgerichtete Lebensphilosophie zur Überwindung von Skepsis und Schwermut, als allgemein lebensbejahende Grundhaltung – dagegen ist wenig zu sagen.

Heutige Positiv-Gurus wie Dale Carnegie, Jürgen Höller, Joseph Murphy und andere gehen jedoch wesentlich weiter und versuchen uns einzutrichtern, dass man alles erreichen könne, wenn man nur wolle.

Dass wir alle Fähigkeiten zur Lösung jedes erdenklichen Problems bereits besitzen und nur auf uns selbst beziehungsweise unser Unterbewusstsein vertrauen müssen. Dass wir mit simplen Suggestionsformeln jede nur denkbare körperliche oder seelische Störung beheben können. Oder einfach nur reich werden, ohne hart dafür zu arbeiten.

Es stimmt natürlich: Manchmal genügt es, das, was man will, einfach zu tun. Manchmal besitzen wir wirklich schon das Talent oder die Fähigkeiten für etwas Bestimmtes und trauen uns nur nicht zu, es mal zu versuchen.

Aber die Behauptung, jeder könne jederzeit alles erreichen, halten Psychologen mittlerweile sogar für krank machend. Es ist nämlich schlicht nicht wahr, dass nur der Einzelne für sein Schicksal selbst verantwortlich ist. Nicht jeder kann in der Fußball-Nationalelf kicken, nicht jeder kann an der Börse Millionen machen und nicht jeder ist bei allen gleichermaßen beliebt, auch wenn er es vielleicht gerne sein möchte.

»Positives Denken« mit simplen Erfolgsformeln wie »Ich bin voller Kraft und Energie« mag in einem kurzfristigen Stimmungs- und Motivationstief einen leichten Kick geben und die eigenen Potenziale in Erinnerung rufen. Bei echten Problemen aber hilft kein »Wünsche-werden-wahr«-Training und kein »Tschakkaa«-Geschrei. Im Gegenteil: Die rosa Brille, die den Positiv-Gläubigen verordnet wird, hindert sie daran, Warnsignale rechtzeitig zu erkennen. Der Rat, alles positiv zu sehen, unterbindet eine selbstkritische und objektive Auseinandersetzung mit der eigenen Lebenssituation – und damit auch Lösungsansätze.

Irgendwie muss auch Ralph Waldo Emerson das schon geahnt haben, denn er schwankte Zeit seines Lebens unentschlossen zwischen Rigorismus und Güte, Weltklugheit und Engstirnigkeit, Harmoniebedürfnis und Misanthropie.

Fraglos hat der amerikanische Dichter und Philosoph (auch) zu Herzen gehende Worte hinterlassen, die uns helfen, das Leben aus dem Blickwinkel des Positiven zu betrachten. Zum Beispiel: »Hänge kein trauriges Bild an deine Wand und beflecke deine Reden nicht mit schwarzer Schwermut. Sei kein Zyniker und kein Prediger der Trostlosigkeit. Jammere und wehklage nicht. Lasse alle verneinenden Reden. Belebe uns durch unaufhörliches Bejahen. Erschöpfe dich nicht in Kritteleien und kläffe nicht gegen das Schlechte, sondern erzähle uns von der Schönheit des Guten.«

Die Rede des Indianerhäuptlings Seattle an den Präsidenten der Vereinigten Staaten von Amerika

(1854)

»**W**enn wir euch unser Land verkaufen, so müsst Ihr euch daran erinnern und eure Kinder lehren: Die Flüsse sind unsere Brüder und eure, und ihr müsst von nun an den Flüssen eure Güte geben, so wie jedem anderen Bruder auch ...

Wenn wir euch das Land verkaufen, müsst ihr wissen, dass es heilig ist, und eure Kinder lehren, dass es heilig ist und dass jede flüchtige Spiegelung im klaren Wasser der Seen von Ereignissen und Überlieferungen aus dem Leben meines Volkes erzählt ...

Wenn wir euch unser Land verkaufen, dürft ihr nicht vergessen, dass die Luft uns kostbar ist – dass die Luft ihren Geist teilt mit all dem Leben, das sie enthält ...

Und wenn wir euch unser Land verkaufen, so müsst ihr es als ein besonderes und geweihtes schätzen, als einen Ort, wo auch der weiße Mann spürt, dass der Wind süß duftet von den Wiesenblumen ...

Ihr müsst eure Kinder lehren, dass der Boden unter ihren Füßen die Asche unserer Großväter ist. Damit sie das Land achten, erzählt ihnen, dass die Erde erfüllt ist von den Seelen unserer Vorfahren.

Lehrt eure Kinder, was wir unsere Kinder lehren: Die Erde ist unsere Mutter. Was die Erde befällt, befällt auch die Söhne der Erde. Wenn Menschen auf die Erde spucken, bespeien sie sich selbst.

Denn das wissen wir, die Erde gehört nicht den Menschen, der Mensch gehört zur Erde – das wissen wir.

Alles ist miteinander verbunden, wie das Blut, das eine Familie vereint.

Alles ist verbunden.«

JENER TEXT, DER IN zahlreichen Büchern, Lyriksammlungen und in den Veröffentlichungen von Umweltschutzorganisationen immer wieder zitiert wird, hat Häuptling Seattle zu einem Idol der Ökologie-Bewegung gemacht hat – wenn er auch nicht als vollständig authentisch angesehen werden darf. Denn es war eigentlich der junge texanische Film-Professor und Drehbuchschreiber Ted Perry, der 1972 für sein Skript zu dem frühen Öko-Streifen »Home« die Rede verfasste und dem Indianer in den Mund legte.

Das bedeutet indes nicht, dass die ganze Geschichte um Häuptling Seattle und Isaac Stevens, den ersten Territorialgouverneur Washingtons, der 1854 den Indianern das Eigentumsrecht an ihrem Land absprach, frei erfunden ist. Historisch belegbar hat der Namensgeber der amerikanischen Großstadt Seattle 1854 eine zirka halbstündige, große Rede vor Isaac Stevens und mehreren Hundert Zuhörern gehalten. Es gibt jedoch keine verlässlichen Aufzeichnungen über den Inhalt – sondern nur einen Zeitungsartikel, den der Seattle Sunday Star erst 33 Jahre später veröffentlichte. Als Autor zeichnete ein gewisser Dr. Henry A. Smith, der auch mit einiger Sicherheit Ohrenzeuge des Ereignisses gewesen war. Allerdings dürfte er den Häuptling kaum verstanden haben, da dieser nicht Englisch, sondern in seiner eigenen Sprache redete. Somit dürfte schon die erste schriftliche Version der berühmten Rede allenfalls vage etwas mit Seattles tatsächlichen Worten zu tun haben.

In den späten 1960er-Jahren machte sich der Dichter William Arrowsmith an eine sprachliche Überarbeitung und glättete dabei den blumigen Überschwang Smiths. Die dritte ist zugleich die bekannteste Fassung: Nämlich die oben auszugsweise wiedergegebene von Ted Perry aus dem Jahr 1972. Für zusätzliche Verwirrung sorgte Perry übrigens dadurch, dass er einfach den Adressaten von Häuptling Seattles engagierter Rede änderte – von Gouverneur Isaac Stevens zu Präsident Franklin Pierce. Zur Weltausstellung »Expo« 1974 in Spokane, Washington, erschien schließlich noch eine Kurzfassung des Perry-Textes als nunmehr vierte Version dessen, was Häuptling Seattle 1854 sinngemäß gesagt hat.

Wie auch immer: Ob nun Häuptling Seattle, Henry A. Smith, William Arrowsmith oder Ted Perry – sie alle variierten schon damals ein Grundthema, das heute unter dem Oberbegriff »Bioethik«, »Umweltethik« oder »ökologische Ethik« breit diskutiert wird. Dabei geht es ganz allgemein gesprochen um das menschliche Handeln im Bezug auf Leben und Natur, zum Beispiel um die Frage: Wie weit sollte die kultivierende Tätigkeit des Menschen in die Natur eingreifen? Umweltethik nimmt ihren Ausgang in aller Regel bei der Zerstörung der Natur, die sich in Extremform in der Gleichgewichtsstörung des Ökosystems zeigt. Ob das wirklich so ist – darüber streiten sich Wissenschaftler mit Wissenschaftlern und mit Philosophen.

Die Erde hat sich in den letzten zehn Jahren deutlich erwärmt.

Bedeutet dies, dass unser Planet »Fieber« hat, krank ist? Oder sich irgendwie wehrt? Das jedenfalls interpretieren nicht wenige besorgte Zeitgenossen schon in die vielen kleinen Anekdoten von der angeblichen »Rache« der Natur hinein – etwa, wenn Quallen in Florida den Kühlwasserzufluss eines Atomkraftwerks besetzen. Oder wenn im Nürnberger Stadtwald Millionen Raupen von den Bäumen herab auf Jäger koten.

Ist der Homo sapiens eine Art zerstörerisches Virus für die Erde?

Doch was immer der Mensch auch tut – es sei für den Planeten so bedeutsam wie das sprichwörtliche Reiskorn, das in China von der Tischkante purzelt, meinen dagegen einige Experten. Denn die Erdgeschichte gestaltet sich im Werden und Vergehen. Erdbeben, Wirbelstürme, Vulkanausbrüche und Flutwellen haben schon immer Mauern zum Einsturz gebracht und Paläste unter sich begraben. Aus geowissenschaftlicher Perspektive seien solche Naturkatastrophen normale Ereignisse.

Der Sichtweise von Häuptling Seattle am nächsten kommt wohl die so genannte Gaia-Hypothese (»Gaia« = in einigen Mythologien die »Urgöttin Erde«) des englischen Geochemikers James Lovelock, nach der die Erde ein ganzheitlicher, lebendiger Superorganismus ist. Das klingt gewiss reizvoll, ist aber mehr als umstritten.

Lovelock zumindest ist überzeugt davon, dass diese beständige (und aktuell durch uns Menschen akut bedrohte) »Kontrolle durch das Leben« der guten »Mutter Erde« die ungewöhnlichen, lebensfreundlichen Eigenschaften unseres Planeten am besten erklärt.

So betrachtet, hätte eine Umweltethik zuvörderst die Aufgabe, Mensch und Natur wieder zu einer Einheit zu führen.

Andere dagegen sehen im Umweltbewusstsein letztendlich einen wohlverstandenen Egoismus. Denn wenn es heiße, die Natur wird geschädigt, so sei das nur ein verkürzter Ausdruck für: Der Mensch schadet seiner Umwelt, also sich selbst. Aber auch diese Betrachtungsweise macht eine ökologische Ethik keineswegs sinnlos, sondern allenfalls pragmatischer. Denn dann ginge es ihr um nichts weniger, als aus der Weltgemeinschaft eine Zweckgemeinschaft zu machen – also ein menschheitliches Gesamtinteresse vorzugeben.

Das Pfadfindergesetz

(1907)

1. Auf die Ehre des Pfadfinders kann man bauen.
2. Der Pfadfinder ist treu.
3. Der Pfadfinder ist hilfsbereit.
4. Der Pfadfinder ist der Freund aller Menschen und Bruder aller Pfadfinder.
5. Der Pfadfinder ist höflich und ritterlich.
6. Der Pfadfinder schützt Pflanzen und Tiere.
7. Der Pfadfinder ist gehorsam.
8. Der Pfadfinder lacht und pfeift in allen Schwierigkeiten.
9. Der Pfadfinder ist fleißig und sparsam.
10. Der Pfadfinder ist rein in Gedanken, Worten und Taten.

EINS VORWEG: Die sprichwörtliche tägliche gute Tat – sie ist in keinem Pfadfindergesetz explizit schriftlich fixiert.

Anscheinend entstammt dieser Slogan einem wohlmeinenden alten Kinderlexikon und geistert seither unter anderem durch die »Fähnlein Fieselschweif«-Comicstorys um Tick, Trick und Track, die drei Neffen von Donald Duck.

Nicht wenige Pfadfinder verwahren sich sogar gegen solche »Klischees« und »Vorurteile«.

So liest man beispielsweise auf der Homepage des »VCP Hannover Süd«, eines Pfadfinderstammes im Verband Christlicher Pfadfinderinnen und Pfadfinder:

»Wir sind nicht ›Die-aus-den-Filmen‹ und wir sind auch nicht ›Die-jeden-Tag-eine-gute-Tat‹!

Wir sind Pfadfinder. Nicht trotz moderner Zeiten, sondern gerade deswegen. Was wir tun, macht uns Spaß. Dabei müssen wir nicht jeden Modegag mitmachen, nicht jedem Trend nachlaufen! Stattdessen haben wir uns für die Gemeinschaft entschlossen. Gemeinsam wollen wir Erfahrungen sammeln. Auf der Fahrt erkennen wir die kleinen Schönheiten, die wir im Alltag oft nicht mehr wahrnehmen. Und plötzlich wird Materielles unwichtig, mit dem Strom zu schwimmen wird langweilig, Hass und Neid machtlos. Wir gestalten unser eigenes Leben, übernehmen Verantwortung, zeigen Engagement, wollen etwas bewegen. Das haben wir uns vorgenommen, ob es uns gelingt? Den Versuch ist es wert, weil für uns gilt: Alles ist besser, als stehen zu bleiben.«

Das sagte sich vor über 150 Jahren auch der britische Offizier Robert Stephenson Smyth Baden-Powell. Anstatt sich auf seinem Ruhm als Kriegsheld nach der erfolgreichen Verteidigung der südafrikanischen Stadt Mafeking im Burenkrieg auszuruhen, schockierte er das viktorianische England mit seiner Wandlung zum überzeugten Pazifisten, der Sätze von sich gab wie: »Krieg ist gottlos und unheilig und wird ausgelöst durch menschliche Schurkerei.«

Aber Baden-Powell beließ es nicht beim Reden – er hatte auch eine Vision, wie Kriege zu verhindern seien: »Wenn Jungen und Mädchen verschiedener Nationen, Rassen und Religionen so früh wie möglich Freundschaft schließen.«

Im Rang eines Generalmajors schied der hoch dekorierte Soldat 1901 aus dem aktiven Dienst aus. Sechs Jahre später organisierte er auf der südenglischen Insel Brownsea Island sein erstes internationales Jugendzeltlager. Er schrieb die »Pfadfindergesetze« und veröffentlichte das Buch »Scouting for Boys«, ein pädagogisches Standardwerk des 20. Jahrhunderts, mit dem der Siegeszug der Pfadfinder-Idee um die ganze Welt begann.

Baden-Powells Pfadfindergesetz von 1907 ist bewusst aktiv und positiv formuliert, im Sinne von »Tu das!« beziehungsweise »Sei so!«

Denn der Gründer der bis heute größten Jugendbewegung war überzeugt: »Tu das nicht – diese Formulierung ist typisch für das Repressionssystem der altmodischen Erziehung und ein rotes Tuch für jeden jungen Menschen. Es ist ein Anreiz für ihn, das Falsche zu tun.«

Im Lauf der Zeit sind die einzelnen Punkte des Pfadfindergesetzes immer wieder neu justiert worden, so zum Beispiel »Der Pfadfinder ist gehorsam«. Diese Gehorsamspflicht ist durchaus nicht absolut, sie beinhaltet auch Kritikfähigkeit.

Auch das achte Gesetz (»Der Pfadfinder lacht und pfeift in allen Schwierigkeiten.«) ist eher bildhaft zu verstehen.

Im Jahr 2005 kam die Deutsche Pfadfinderschaft St. Georg (DPSG) überein, dass es an der Zeit sei für eine etwas aufwändigere Überarbeitung der einzelnen Formulierungen. Bei der DPSG-Bundesversammlung bekam schließlich folgende Version die meisten Stimmen:

»Als Pfadfinderin / als Pfadfinder

... *begegne ich allen Menschen mit Respekt und habe alle Pfadfinder und Pfadfinderinnen als Geschwister.*
... *gehe ich zuversichtlich und mit wachen Augen durch die Welt.*
... *bin ich höflich und helfe da, wo es notwendig ist.*
... *mache ich nichts halb und gebe auch in Schwierigkeiten nicht auf.*
... *entwickle ich eine eigene Meinung und stehe für diese ein.*
... *sage ich, was ich denke, und tue, was ich sage.*
... *lebe ich einfach und umweltbewusst.*
... *stehe ich zu meiner Herkunft und zu meinem Glauben.«*

»Ehrfurcht vor dem Leben« von Albert Schweitzer

(1915)

»**W**ahrhaft ethisch ist der Mensch nur, wenn er der Nötigung gehorcht, allem Leben, dem er beistehen kann, zu helfen, und sich scheut, irgendetwas Lebendigem Schaden zu tun.

Er fragt nicht, inwiefern dieses oder jenes Leben als wertvoll Anteilnahme verdient, und auch nicht, ob und inwieweit es noch empfindungsfähig ist.

Das Leben als solches ist ihm heilig. Er reißt kein Blatt vom Baume ab, bricht keine Blume und hat Acht, dass er kein Insekt zertritt.

Wenn er im Sommer nachts bei der Lampe arbeitet, hält er lieber das Fenster geschlossen und atmet dumpfe Luft, als dass er Insekt um Insekt mit versengten Flügeln auf seinen Tisch fallen sieht.«

Es war bei einer Fahrt auf dem Fluss bei Lambaréné im heutigen Gabun, als Albert Schweitzer (1875–1965) ganz unvermittelt eine ethische Position vor Augen stand, die durch den Begriff der »Ehrfurcht vor dem Leben« bekannt geworden ist.

Man schrieb das Jahr 1915, und der Erste Weltkrieg tangierte auch den deutschen Mediziner und Theologen in Französisch-Äquatorialafrika. Der Kriegsausbruch bedeutete für Schweitzer ein drastisches Zeichen für den Niedergang der Kultur. Die allgemeine Anerkennung und Euphorie für dieses unmenschliche Desaster machte ihm schmerzlich bewusst, dass die Menschen letztlich darauf verzichteten, sich in erster Linie für das richtige Verhalten des Einzelnen und für echte menschliche Gemeinschaft einzusetzen.

Da Albert Schweitzers Geburtsort Kaysersberg im Elsass damals zu Deutschland gehörte, galt der Missionsarzt in der französischen Kolonie Äquatorialafrika (Gabun) als feindlicher Ausländer. Ihm wurde jede Tätigkeit untersagt. Die unerwartet freie Zeit nutzte der Mediziner und evangelische Pfarrer zum Nachdenken.

Bei jener Flussfahrt in Afrika soll Schweitzer plötzlich gewahr geworden sein, dass alles, was ihn umgab – Pflanzen, Tiere, Mitmenschen – ebenso stark am Leben hängt wie er selbst. Folglich sei jedem Lebewesen in Liebe zu begegnen – aus »Achtung vor Gott, der jedem Wesen das Leben schenkt, damit es seine Aufgabe erfüllen kann«. Ethik, die nur für Menschen erdacht sei und nur für Menschen gelte, betrachtete Schweitzer als »kraftlos« – und dem Fortbestand der Erde und somit der Menschen nicht dienlich.

In seinen »Gesammelten Werken« schrieb er später: »Was ist Ehrfurcht vor dem Leben und wie entsteht sie in uns? Die unmittelbarste Tatsache des Bewusstseins des Menschen lautet: ›Ich bin Leben, das leben will, inmitten von Leben, das leben will.‹

Zugleich erlebt der denkend gewordene Mensch die Nötigung, allem Willen zum Leben die gleiche Ehrfurcht vor dem Leben entgegenzubringen wie dem eigenen. Er erlebt das andere Leben in dem seinen. Als gut gilt ihm: Leben erhalten, Leben fördern, entwickelbares Leben auf seinen höchsten Wert bringen. Als böse: Leben vernichten, Leben schädigen, entwickelbares Leben niederhalten … Dies ist das denknotwendige, absolute Grundprinzip des Sittlichen …

Ethisch ist der Mensch nur, wenn ihm das Leben als solches, das der Pflanze und des Tieres wie das des Menschen, heilig ist und er sich dem Leben, das in Not ist, helfend hingibt … Die Ethik der Ehrfurcht vor dem Leben begreift also alles in sich, was als Liebe, Hingabe, Mitleiden, Mitfreude und Mitstreben bezeichnet werden kann.«

Schweitzer warnte frühzeitig vor dem Nationalsozialismus wie vor der atomaren Rüstung. 1951 erhielt er den Friedenspreis des deutschen Buchhandels und im folgenden Jahr den Friedensnobelpreis. Und er ist heute noch präsent. Ob bei der Friedensbewegung, der Tierschutz-Lobby oder bei den Vorkämpfern für eine gerechtere Weltordnung: Viele berufen sich auf den Theologen und Philosophen, vergeben Schweitzer-Plaketten oder schalten Zeitungsanzeigen mit dem Bild des Klavier spielenden Schweitzers, um für Spenden zugunsten von Projekten in der so genannten »Dritten Welt« zu werben.

In seinem 89. Lebensjahr besprach Schweitzer auf Wunsch des deutschen Arztes und Psychiaters Christoph Staewen ein Tonband, das als sein geistiges Vermächtnis gilt.

Darin heißt es: »Ich rufe die Menschheit auf zur Ethik der Ehrfurcht vor dem Leben. Diese Ethik macht keinen Unterschied zwischen wertvollerem und weniger wertvollem, höherem und niederem Leben. Sie lehnt eine solche Unterscheidung ab.

Denn der Versuch, allgemeingültige Wertunterschiede zwischen den Lebewesen anzunehmen, läuft im Grunde darauf hinaus, sie danach zu beurteilen, ob sie uns Menschen nach unserem Empfinden näher oder ferner zu stehen scheinen.

Das aber ist ein ganz subjektiver Maßstab. Wer von uns weiß denn, welche Bedeutung das andere Lebewesen an sich und im Weltganzen hat?«

Der Olympische Eid

(1920)

»Wir schwören, dass wir an den Olympischen Spielen als ehrenwerte Kämpfer teilnehmen, die Regeln der Spiele achten und uns bemühen werden, ritterliche Gesinnung zu zeigen, zur Ehre unseres Vaterlandes und zum Ruhme des Sports.«

ALS DER BELGISCHE FECHTMEISTER Victor Boin 1920 in Antwerpen stellvertretend für alle Teilnehmer der Sommerspiele erstmals den Olympischen Eid leistete, war die Sportwelt noch halbwegs in Ordnung. Die olympische Tradition verlangte von den Athleten Fairness und freundschaftlichen Umgang. Alle sollten immer daran denken, dass dabei sein wichtiger ist als siegen.

Denn der Wiedergeburt der Spiele 1896 in Athen – mehr als 1500 Jahre nach dem Ende der antiken Olympiade – lag die Idee zugrunde, dass Sport von grundlegender Bedeutung für die gesunde geistige und körperliche Entwicklung der Jugend sei. Und dass die Zeremonien und Symbole der Olympiaden die friedliche Verständigung unter den Völkern der Erde fördern sollten.

Dabei war der erste Dopingfall zu diesem Zeitpunkt schon längst aktenkundig: Während der Sommerspiele in St. Louis im Jahr 1904 wollte der Marathonläufer Thomas Hicks nach zwei Dritteln der Distanz wegen extremer Hitze und totaler körperlicher Erschöpfung aufgeben. Kurz entschlossen verabreichte ihm sein Trainer auf den letzten Kilometern mehrfach einen Cocktail aus einem tausendstel Gramm Strychnin, Eiweiß und Brandy. Die äußerst belebende Wirkung dieses Mittels ließ Hicks die letzten Kilometer des Laufs unter größten Qualen durchstehen.

Fast bemerkenswerter war aber die Tatsache, dass die von Hicks' Trainer gemachten detaillierten Angaben zur Wirkung von Strychnin auf den menschlichen Organismus zwar Aufmerksamkeit erregten, aber keinerlei Reaktion von Seiten der Olympia-Organisatoren nach sich zogen.

1928, bei den Olympischen Spielen in Amsterdam, setzte dann eine Entwicklung ein, die nachhaltig den Gebrauch von Dopingmitteln beeinflussen sollte – das Sponsoring: »Die Wirtschaft entdeckte das Marktpotenzial der Olympischen Spiele. Der amerikanische Getränkehersteller Coca Cola sponserte die US-Mannschaft, da diese damals nicht über das nötige Geld für eine Teilnahme verfügte. Von dieser Zeit an wurde der Einfluss der Industrie immer größer, um in den achtziger Jahren des 20. Jahrhunderts einen ersten Höhepunkt zu erreichen. Die Sportler mussten kontinuierlich ihre Leistungen steigern, um an die begehrten Sponsorengelder zu gelangen. Da der Gebrauch von Dopingmitteln nicht verboten war, kamen diese vermehrt zum Einsatz«, erklärt der Archäologe und Olympia-Experte Dr. Marcel K. Schoch.

Zu dieser Entwicklung kam nach dem Zweiten Weltkrieg der Konflikt der beiden Supermächte UdSSR und USA hinzu, da die UdSSR erkannt hatte, dass vor dem

Hintergrund des Kalten Krieges sportliche Erfolge bei Olympia enorm prestigeträchtig waren. Beide Faktoren drängten die Athleten förmlich zum Doping.

Im Jahr 1960 in Rom kam es zum ersten offiziellen Dopingtoten bei Olympischen Spielen. Der dänische Radrennfahrer Knut Jensen nahm vor dem Wettbewerb ein Aufputschmittel zu sich, das während des Rennens in Folge der großen Hitze zu einem plötzlichen Kreislaufkollaps führte. Der zwanzigjährige Jensen stürzte vom Rad und zog sich schwere Schädelverletzungen zu, in deren Folge er im Krankenhaus starb.

Trotzdem wurde der Olympische Eid zunächst nur ganz leicht modifiziert und lautete ab 1964:

»Im Namen aller Teilnehmer verspreche ich, dass wir uns bei den Olympischen Spielen als loyale Wettkämpfer erweisen, ihre Regeln achten und teilnehmen im ritterlichen Geist zum Ruhme des Sports und zur Ehre unserer Mannschaften.«

Erst nach vielen weiteren Doping-Skandalen à la Ben Johnson (1988) oder Kathrin Krabbe (1992) enthält der Olympische Eid seit den Olympischen Sommerspielen 2000 in Sydney auch eine Anti-Doping-Klausel, die im Dezember 1999 von der IOC-Vollversammlung verabschiedet wurde. Die aktuelle Fassung des Olympischen Eides lautet:

»Im Namen aller Wettkämpfer gelobe ich, dass wir im Geiste der Sportlichkeit, zum Ruhme des Sports und zur Ehre unserer Mannschaften an diesen Olympischen Spielen teilnehmen und dabei die Regeln, die

für sie gelten, achten und befolgen und uns zu einem Sport ohne Doping und Drogen verpflichtet fühlen.«

Ob's was hilft? Dr. Marcel K. Schoch ist skeptisch: »Bis heute versuchen einige Athleten durch die Einnahme leistungssteigernder Mittel zu Ruhm, Ehre und Geld zu gelangen. Im Gegenzug werden die Dopingtests perfektioniert und immer mehr Substanzen können nachgewiesen werden.

Das Problem liegt heute daher nicht so sehr im Nachweis dieser Substanzen als viel mehr in der Situation der Athleten. Es ist vielleicht an der Zeit, den Leistungsdruck und die stete Forderung nach neuen Rekorden von Seiten der Medien, Sportverbände und Öffentlichkeit von den Athleten zu nehmen. So könnte der Sport wieder zu dem werden, was er eigentlich ist – die Freude an der Bewegung.«

Die Lebensregel von Baltimore

(1927)

Geh deinen Weg gelassen im Lärm und in der Hektik dieser Zeit und behalte im Sinn den Frieden, der in der Stille wohnt.

Bemühe dich, mit allen Menschen auszukommen, soweit es dir möglich ist, ohne Dich selbst aufzugeben.

Sprich das, was du als wahr erkannt hast, gelassen und klar aus, und höre anderen Menschen zu, auch den Langweiligen und Unwissenden, denn auch sie haben etwas zu sagen.

Meide aufdringliche und aggressive Menschen, denn sie sind ein Ärgernis für den Geist.

Vergleiche dich nicht mit anderen, damit du nicht eitel oder bitter wirst, denn es wird immer Menschen geben, die größer sind als du, und Menschen, die geringer sind.

Erfreue dich an dem, was du schon erreicht hast, wie auch an deinen Plänen.

Bleibe an deinem beruflichen Fortkommen interessiert, wie bescheiden es auch sein mag; es ist ein echter Besitz in den Wechselfällen der Zeit.

Sei vorsichtig in deinen geschäftlichen Angelegenheiten, denn die Welt ist voller Trug. Lass dich jedoch dadurch nicht blind machen für die Tugend, die dir begegnet.

Sei du selbst, und, was ganz wichtig ist, täusche keine Zuneigung vor.

Hüte dich davor, der Liebe zynisch zu begegnen, denn trotz aller Dürreperioden und Enttäuschungen ist sie beständig wie das Gras.

Nimm den Rat, den dir die Lebensjahre geben, freundlich an, und lass mit Würde ab von dem, was zur Jugendzeit gehört.

Stärke die Kraft deines Geistes, so dass sie dich schützt, wenn ein Schicksalsschlag dich trifft. Doch halte deine Fantasie soweit im Zaum, damit sie dich nicht in Sorge versetzt.

Viele Ängste wurzeln in Erschöpfung und Einsamkeit.

Übe gesunde Selbstdisziplin, doch vor allem sei gut zu dir.

Du bist ein Kind des Universums, nicht weniger als die Bäume und Sterne. Du hast ein Recht, da zu sein.

Und ob es dir nun bewusst ist oder nicht: Ganz sicher entfaltet sich das Universum so, wie es ihm bestimmt ist. Lebe daher in Frieden mit Gott, wie auch immer du Ihn dir vorstellst.

Und worauf du deine Anstrengungen auch richtest, was es auch ist, das du erstrebst im lärmenden Durcheinander des Lebens, sei mit dir selbst im Reinen.

Trotz allen Trugs, aller Mühsal und aller zerbrochenen Träume ist die Welt doch wunderschön.

Sei heiter.

Strebe danach, glücklich zu sein.

DIE SO GENANNTE *Lebensregel von Baltimore* ist eigentlich ein Gedicht zum Thema »Wie man ein glückliches Leben führt«, das *»Desiderata«* heißt (vom lateinischen desiderare = »wünschen«, »ersehnen«, frei übersetzt etwa »Segenswünsche«) und 1927 von dem amerikanischen Juristen Max Ehrmann verfasst wurde.

Ehrmann starb 1945. Erst drei Jahre später erschien »Desiderata« erstmals in dem Gedichtband »The Poems of Max Ehrmann«, den seine Witwe herausgab. Dennoch wird die »Lebensregel von Baltimore« sehr häufig auf das Jahr 1692 datiert und mit der Kirche Old St. Paul's in Baltimore in Verbindung gebracht. Wieso dieses?

Von 1956 bis 1961 war ein Mann namens Frederick Ward Kates Gemeindepfarrer der Alten St. Pauls Kirche. Dieser Reverend war der schöngeistigen Literatur sehr zugetan und liebte es, inspirierende Essays, Gedichte und Zitate in selbst gedruckten Anthologien zusammenzustellen, die er für die Kirchenbesucher und Gemeindemitglieder auslegte. Üblicherweise versah Frederick W. Kates seine kostenlosen Kleinschriften mit dem Namen der Kirche und deren Gründungsjahr, also »Old Saint Paul's Church, Baltimore, 1692«.

Ende der 1950er Jahre wanderte auch das »Desiderata« von Max Ehrmann in eine der Broschüren des Reverend. Anscheinend wurde das Gedicht von begeisterten Lesern kopiert und weitergereicht und fand immer größere Verbreitung, wobei der Ursprung nach und nach verloren ging und schließlich aus dem »Desiderata« von 1927 die »Lebensregel von Baltimore 1692« wurde.

Der Popularität und Bedeutung der Verse tut dies jedoch keinerlei Abbruch.

»Das Gute« bei Erich Kästner

(1936)

»Es gibt nichts Gutes außer: Man tut es«

Erich Kästner – ein betulicher Kinderbuchautor?

Mitnichten, gleichwohl wir dem Schriftsteller Klassiker wie »Emil und die Detektive« und »Das fliegende Klassenzimmer« verdanken.

Der gebürtige Dresdner (1899–1974) war ein »Vernunftmensch voller Skepsis, Aufklärer ohne Hoffnung auf die Macht der Vernunft, Pessimist mit pädagogischen Neigungen«, heißt es in einer Rezension seiner Werke. Und nicht zu vergessen: Kästner war Moralist.

Die Lebensphilosophie »Es gibt nichts Gutes außer: Man tut es« formulierte er in seinem kürzesten Gedicht mit dem schlichten Titel »Moral«, erschienen 1936 in dem Band »Doktor Erich Kästners lyrische Hausapotheke«. Man kann diesen Satz wohl auch als Replik auf den passiv-lethargischen Pseudo-Moralismus seines Romanhelden Jakob Fabian in Kästners einzigem Roman von literarischer Bedeutung sehen: »Fabian. Die Geschichte eines Moralisten« von 1931.

Zwei Jahre vor Hitlers Machtergreifung erzählte Kästner darin vom Leben eines arbeitslosen Germanisten in Berlin, der trotz allen Irrsinns in Politik und Gesellschaft und auch in seinem eigenen Leben an das Gute glaubt – unerschütterlich und geradezu naiv. Allerdings ist der moralische, nachdenkliche und ironische Jakob Fabian zugleich geprägt von einer lähmenden Gleichgültigkeit, einer Passivität, die ihn zwar mitdenken und urteilen, nicht aber handeln lässt.

Fabian scheitert, weil er nicht in der Lage ist, seine Moral auch zu leben. Kästner selbst hingegen verstand unter »Moral« das aktive Eintreten für eine Besserung der Menschen und deren Lebensumstände. Im Gegensatz zu den meisten seiner regimekritischen Autorenkollegen emigrierte Kästner nach 1933 nicht ins Ausland, obwohl er mehrmals von der Gestapo vernommen und aus dem Schriftstellerverband ausgeschlossen wurde. Auch seine Werke verbrannten die Nationalsozialisten bei der Bücherverbrennung als »wider den deutschen Geist« öffentlich.

Obwohl Kästner in »Fabian« den geistigen und moralischen Verfall Deutschlands voraussah und die Lethargie der Mitläufer kritisierte, musste der Satiriker später selbstkritisch einräumen, dass auch er in jener Zeit zu passiv geblieben sei: »Ich hatte angesichts des Scheiterhaufens nicht aufgeschrien. Ich hatte nicht mit der Faust gedroht. Ich hatte sie nur in der Tasche geballt.«

Nach Ende des Zweiten Weltkriegs zog Kästner nach München und avancierte 1951 zum Präsidenten des westdeutschen PEN-Clubs. Er trat bei Ostermärschen als Redner auf und protestierte gegen den Vietnamkrieg.

»Fabian. Die Geschichte eines Moralisten« wurde 1979 verfilmt und transportiert einen bis heute gültigen Appell: eine Gesellschaft zu schaffen, die der Entfaltung individueller Moralität Vorrang einräumt.

Fünf Vorsätze für den Tag von Mahatma Gandhi

(1869–1948)

Ich will bei der Wahrheit bleiben.

Ich will mich keiner Ungerechtigkeit beugen.

Ich will frei sein von Furcht.

Ich will keine Gewalt anwenden.

Ich will in jedem zuerst das Gute sehen.

RECHTSANWALT? POLITIKER? Freiheitskämpfer? Revolutionär? Philosoph? Moralist?

In Umfragen nennen viele Menschen immer wieder Gandhi als ihr geistiges und moralisches Vorbild. Aber wer oder was war Mohandas Karamchand Gandhi eigentlich, den die Welt »Mahatma« nannte, das heißt »dessen Seele groß ist«.

Er habe keine große Begabung besessen, aber über seinen Charakter habe er geradezu eifersüchtig gewacht, schrieb Gandhi in seiner Biografie über seine Schulzeit. »Ich entsinne mich nicht, während dieser Zeitspanne je gelogen zu haben, weder vor meinen Lehrern noch vor meinen Schulkameraden.« Selbst zum Abschreiben beim Nebenmann sei er zu »dumm« gewesen, sprich: zu naiv-anständig.

Sehr früh stieß Gandhi auf seine Lebensmaxime, und zwar schon als er das Schreiben lernte. Geboren am 2. Oktober 1869 in Porbandar im indischen Bundesstaat Gujarat, lernte der junge Mohandas die dort übliche Gujarati-Schrift, die zu den nordindischen Schriftsystemen gehört und sich von der bengalischen Schrift herleitet.

Beim Üben stieß das jüngste von fünf Kindern strenggläubiger Eltern auf eine Sentenz in einem Schulbuch, die, wie er schreibt, »meinen Geist und mein Herz gleichermaßen« ergriff:

Für eine Schale Wasser gib ein tüchtiges Mahl.
Für einen freundlichen Gruß neig dich rasch zur Erde.
Für einen bloßen Pfennig zahle zurück in Gold.
Wer dein Leben rettet, für den spare das Leben nicht.
Achte auf die Worte und Taten des Weisen:
Sie vergelten jeden kleinen Dienst zehnfach.
Doch der wahrhaft Edle erkennt alle Menschen als eines und zahlt fröhlich Gutes für das Üble, das man ihm antat.

Diese Weisung (»Zahle Gutes für Übles«) wurde »mein Leitprinzip. Es wurde für mich eine solche Leidenschaft, dass ich zahlreiche Experimente damit begann«.

Diese »Experimente« behielt Gandhi auch bei, nachdem er zunächst in London Rechtswissenschaft studiert und dann einige Jahre in Südafrika gelebt hatte, wo er zum ersten Mal hautnah mit Vorurteilen und Rassendiskriminierung (gegen die indischen Einwanderer) konfrontiert wurde. Durch dieses Erlebnis beeinflusst, entwickelte Gandhi ein Konzept des gewaltlosen Widerstandes, das er Satyagraha nannte, und begann sein politisches Engagement.

Zurück in Indien, kämpfte Gandhi ab 1920 an der Spitze des Indian National Congress (INC) für die Befreiung seines Landes von der britischen Kolonialherrschaft. Seine spektakulärste Kampagne des zivilen Ungehorsams sollte der so genannte *Salzmarsch* gegen das britische Salzmonopol werden. Ein Korrespondent der Zeitung *United Press* berichtete über den Versuch, ein Salzwerk nördlich von Bombay zu besetzen:

»In vollständigem Schweigen marschierten die Gandhi-Leute auf und hielten etwa hundert Yards von der Einfriedung entfernt. Eine ausgewählte Schar löste sich aus der Menge, watete durch den Graben und näherte sich dem Stacheldrahtzaun. Plötzlich ein Kommando, und Haufen von indischen Polizisten stürzten sich auf die herandrängenden Demonstranten und ließen Schläge mit ihren stahlbeschlagenen langen Stöcken auf ihre Köpfe regnen. Nicht einer der Demonstranten erhob auch nur einen Arm, um die Schläge abzuwehren.

Dort, wo ich stand, hörte ich die krank machenden Schläge der Keulen auf ungeschützte Schädel. Die Niedergeschlagenen fielen mit ausgebreiteten Armen hin, bewusstlos oder sich krümmend mit gebrochenen Schädeln oder Schultern …

Doch es gab keinen Kampf, kein Handgemenge, die Demonstranten marschierten einfach vorwärts, bis sie niedergeschlagen wurden.«

Aus den Geschlagenen wurden bekanntlich die Sieger, und 1947 entließ der britische Premierminister Indien in die Unabhängigkeit. Zu diesem Zeitpunkt hatte Gandhi insgesamt acht Jahre im Gefängnis verbracht, aber durch seine gewaltfreien Aktionen das britische Weltreich bloßgestellt und schließlich in die Schranken verwiesen. Das heilige Hindu-Buch »Bhagavadgita«, die biblische Bergpredigt und die religiös-moralischen Schriften des russischen Dichters Leo Tolstoi verschmolzen bei Gandhi zu einem praktischen Idealismus, der sich wohl mit dem Motto »Mein Leben ist die Botschaft« zusammenfassen lässt. »Einklang zwischen Worten und Taten zu schaffen, das erachtete er als seine Hauptaufgabe«, schreibt ein Biograf. »Wenn er einen Gedanken im Grundsatz angenommen hatte, dann betrachtete er es als unehrenhaft, nicht danach zu handeln. Das Missverhältnis zwischen Glauben und Handeln war ihm unerträglich.« *(Heimo Rau: Mahatma Gandhi, Rowohlt-Taschenbuchverlag, Reinbek bei Hamburg 1970)*

Abstraktes Erkenntnisstreben war Gandhi fremd. So gesehen verkörperte die »große Seele« einen Karmayogi – nach indischer Tradition ein Mensch, der das Heil auf dem Wege selbstlosen Handelns sucht.

Am 30. Januar 1948 wurde der 72-jährige Gandhi in Neu-Delhi von einem fanatischen Hindu erschossen.

War Mahatma Gandhi ein Heiliger, wie der bekannte Spielfilm »Gandhi« von Richard Attenborough (1982, mit Ben Kingsley in der Rolle des Gandhi) nahe legt? Die Historiker sind sich heute weitgehend einig, dass das vielleicht nicht gerade der Fall war. Gandhi widmete sein Leben der Abschaffung von Rassismus, Kolonialismus und Ausbeutung – andererseits sah er das Wohl seiner Heimat nur im Konservatismus der traditionellen indischen Agrargesellschaft. Die westliche Zivilisation und materiellen Fortschritt lehnte er ebenso ab wie das moderne Rechtssystem und die moderne Medizin. Die Teilung Indiens 1947 in das mehrheitlich hinduistische Indien und das mehrheitlich moslemische Pakistan hatte er nicht verhindern können, ebenso wenig wie die gewaltsamen Unruhen danach. Auch Gandhis »Lobgesänge auf Armut und Leiden« (so der erste indische Premierminister Dschawaharlal Nehru, 1889–1964 in einer kritischen Würdigung), sein harter asketischer Lebensstil, seine Lustfeindlichkeit und sein harscher Umgang mit seiner Ehefrau und seinen Kindern fanden nicht jedermanns Beifall. Sein geistiger Einfluss auf das heutige Indien wird überdies als sehr gering eingeschätzt.

Kommen wir also zurück zur Ausgangsfrage: Wer oder was war Gandhi eigentlich, der nicht selten in einem Atemzug mit Jesus Christus genannt wird? Und vor allem: Könnte Gandhis Erbe eine Ethik für das 21. Jahrhundert werden? Mit dieser Frage hat sich intensiv der Philosoph und Soziologe Andreas Becke beschäftigt. Der Wissenschaftler kommt zu dem Schluss, dass das unabhängige Indien Gandhi zu einem Heiligen gemacht – und all seine Lehren ignoriert habe: »Es fragt sich, ob nicht sogar die ganze Welt Gandhi zu einem Mythos verklärt hat, ohne von seiner Ethik zu lernen.«

Nämlich welche? Becke: »Wir müssen feststellen, dass Gandhi tatsächlich der höchsten Stufe der Moralentwicklung zuzuordnen ist. Denn nicht die Werte, die jemand entwickelt, sind entscheidend – sondern seine Ethik, das heißt die Begründung dafür. In der Tat ist Gandhi an universellen, der Gesellschaft vorgeordneten ethischen Prinzipien orientiert, wie Gewaltlosigkeit, Wahrheit und Frieden. Gandhi ließ sich nie von gesellschaftlichen Vorgaben korrumpieren, für ihn galt nie das Prinzip ›das macht man so‹, alles wurde durch ihn hinterfragt und neu begründet … Ob ein anderer seine Begründung und sein moralisches Ergebnis teilt, ist unerheblich. Vielmehr ist das Prinzip des Moralbewusstseins entscheidend, nicht nur einfach Moralregeln zu folgen, sondern sie zu hinterfragen und gegebenenfalls zu missachten – aus ethischen Gründen.Genau das war bei Gandhi der Fall, und in diesem Sinn könnte Gandhi ein Vorbild für uns alle sein.« *(Andreas Becke: Gandhi zur Einführung. Junius-Verlag, Hamburg 1999)*

Das Genfer Gelöbnis für den ärztlichen Berufsstand

(1948)

Bei meiner Aufnahme in den ärztlichen Berufsstand gelobe ich feierlich, mein Leben in den Dienst der Menschlichkeit zu stellen.

Ich werde meinen Beruf mit Gewissenhaftigkeit und Würde ausüben.

Die Erhaltung und Wiederherstellung der Gesundheit meiner Patienten soll oberstes Gebot meines Handelns sein.

Ich werde alle mir anvertrauten Geheimnisse wahren.

Ich werde mit all meinen Kräften die Ehre und die edle Überlieferung des ärztlichen Berufes aufrechterhalten und bei der Ausübung meiner ärztlichen Pflichten keinen Unterschied machen, weder nach Religion, Nationalität, Rasse, noch nach Parteizugehörigkeit oder sozialer Stellung.

Ich werde jedem Menschenleben von der Empfängnis an Ehrfurcht entgegenbringen und selbst unter Bedrohung meine ärztliche Kunst nicht in Widerspruch zu den Geboten der Menschlichkeit anwenden.

Ich werde meinen Lehrern und Kollegen die schuldige Achtung erweisen.

Dies alles verspreche ich feierlich auf meine Ehre.

Es ist gar nicht der berühmte »Eid des Hippokrates«, den Ärzte schwören müssen – und das ist auch gut so.

»Denn dann müssten sie ihren Professor wie einen Vater behandeln, ihn im Alter versorgen und die Medizinerkunst kostenlos an dessen männliche Nachkommen weitergeben. Und auf keinen Fall dürfte der Arzt Patienten operieren, die unter Blasensteinen leiden; das müsste er nämlich den Handwerkschirurgen überlassen«, erklärt der Zeit-Journalist Christoph Drösser in seiner »Stimmt's?«-Rubrik.

Übersetzt lautet der »Eid des Hippokrates« folgendermaßen:

»Ich schwöre bei Apollon, dem Arzt, bei Asklepios, Hygieia und Panakeia und bei allen Göttern und Göttinnen, indem ich sie zu Zeugen mache, dass ich entsprechend meiner Kraft und meinem Urteilsvermögen folgenden Eid und folgenden Vertrag erfüllen werde: Denjenigen, der mich diese Kunst gelehrt hat, gleich zu achten meinen Eltern, ihn an meinem Lebensunterhalt teilhaben zu lassen und ihm an den für ihn erforderlichen Dingen, wenn er ihrer bedarf, Anteil zu geben, seine Nachkommenschaft meinen männlichen Geschwistern gleich zu werten, sie diese Kunst zu lehren, wenn sie sie zu lernen wünschen, ohne Entgelt und Vertrag, an Unterweisung, Vorlesung und an der gesamten übrigen Lehre Anteil zu geben meinen Söhnen und den Söhnen dessen, der mich unterrichtet hat, den vertraglich gebundenen und durch ärztlichen Brauch eidlich verpflichteten Schülern, sonst aber niemandem.

Diätetische Maßnahmen werde ich zum Nutzen der Kranken entsprechend meiner Kraft und meinem Urteilsvermögen anwenden; vor Schaden und Unrecht werde ich sie bewahren.
Auch werde ich niemandem auf seine Bitte hin ein tödlich wirkendes Mittel geben, noch werde ich einen derartigen Rat erteilen; in gleicher Weise werde ich auch keiner Frau ein Frucht abtreibendes Zäpfchen geben. Rein und heilig werde ich mein Leben und meine Kunst bewahren. Das Schneiden werde ich nicht anwenden, nicht einmal bei Steinleidenden, dies werde ich vielmehr den Männern überlassen, die diese Tätigkeit ausüben.
In alle Häuser, die ich betrete, werde ich eintreten zum Nutzen der Kranken, frei von jedem absichtlichen Unrecht, von sonstigem verderblichen Tun und von sexuellen Handlungen an weiblichen und männlichen Personen, sowohl Freien als auch Sklaven.
Was auch immer ich bei der Behandlung oder auch unabhängig von der Behandlung im Leben der Menschen sehe oder höre, werde ich, soweit es niemals nach außen verbreitet werden darf, verschweigen, in der Überzeugung, dass derartige Dinge unaussprechbar sind. Wenn ich nun diesen Eid erfülle und nicht verletze, möge es mir zuteil werden, dass ich mich meines Lebens und meiner Kunst erfreue, geachtet bei allen Menschen für alle Zeit, wenn ich ihn aber übertrete und meineidig werde, möge das Gegenteil davon eintreten.«

Der sprichwörtliche hippokratische Eid ist mithin wenig mehr als ein über 2000 Jahre alter historischer Text – nicht einmal die Autorenschaft des Hippokrates ist einwandfrei belegt. Damals stellte er nicht nur einen ethischen Code dar, sondern auch eine Standesordnung. Sich heute darauf zu berufen wäre purer Anachronismus. Mit dem Fortschritt der Medizin haben sich auch die ethischen Probleme verändert – man denke an Abtreibung oder Sterbehilfe –, und da kann der antike Arzt Hippokrates von Kos (460–377 v. Chr.) wenig helfen.

Jeder Arzt, der in Deutschland approbiert wird, ist aber durch seine Zwangsmitgliedschaft in der Ärztekammer auf die Berufsordnung verpflichtet, in die unter anderem das Genfer Gelöbnis Eingang gefunden hat, eine modernisierte Fassung des alten Schwures, das »in seiner vieldeutigen Beliebigkeit ein würdiger Nachfolger des hippokratischen Eides« ist, wie der Freiburger Medizinhistoriker Karl-Heinz Leven urteilt.

Das »Genfer Gelöbnis« wurde 1948 vom Weltärztebund formuliert. Aus seinen beiden Appellen an die Menschlichkeit hört man die Schrecken des Missbrauchs der Medizin unter dem Nationalsozialismus, des eben überstandenen Zweiten Weltkriegs und der Nürnberger Ärzteprozesse heraus. Die Medizin war noch nicht zur strikten Biowissenschaft entfaltet, das Individuum im Sinne der westlichen Demokratien erst im kleineren Teil der Welt anerkannt.

Heutzutage wird immer noch breit darüber diskutiert, was »ein guter Arzt« eigentlich ist – wenn auch unter völlig anderen Aspekten, die letztendlich etwas mit dem überbordenden Wildwuchs in unserem Gesundheitssystem und mit immer knapper werdenden Mitteln zu tun haben – sowie nicht zuletzt mit »absurdem Anspruchsdenken und Missverständnissen über die gegenseitigen Erwartungen«, schrieb der *Stern* im Frühjahr 2006 zum Start einer neuen Serie »Der große Ärzte-Check«.

Wie sehen diese Erwartungen und Forderungskataloge von Politikern, Standesvertretern und Patienten gegenwärtig aus?

»Den guten Arzt zeichnet neben einem aktuellen medizinischen Wissensstand und einer guten Praxisorganisation die partnerschaftliche und vertrauensvolle Verständigung mit seinen Patienten aus«, formuliert etwa das Bundesgesundheitsministerium auf seiner Webseite. Und weiter:

- »Patientinnen und Patienten haben einen Anspruch auf verständliche Informationen über Diagnosen, die Erläuterung und Diskussion von Behandlungsalternativen und die gemeinsame Entscheidung über die nächsten Behandlungsschritte.«
- »Ärztinnen und Ärzte sollten zuverlässig an regelmäßig notwendige Untersuchungstermine erinnern, zum Beispiel bei chronischen Krankheiten oder im Rahmen der Früherkennung, und sie sollten eine Patientenquittung ausstellen, wenn die Patientin oder der Patient danach fragt.«

Auf die Eckpunkte einer »Charta zur ärztlichen Berufsethik« haben sich 2003 verschiedene europäische und amerikanische Fachgesellschaften geeinigt. Die Grundsatzpositionen führen insgesamt vier Überbegriffe aus, die sich mit der Arzt-/Patienten-Beziehung auseinander setzen:

1. Das Primat des Patientenwohls (Principle of primacy of patient welfare):

- »Dieses Prinzip basiert auf der grundsätzlichen Verpflichtung, den Interessen des Patienten zu dienen.«
- »Altruismus trägt zu dem Vertrauen bei, das im Mittelpunkt des Arzt-Patienten-Verhältnisses steht.«
- »Ökonomische Interessen, gesellschaftlicher Druck und administrative Anforderungen dürfen dieses Prinzip nicht unterlaufen.«

2. Das Selbstbestimmungsrecht des Patienten (Principle of patient autonomy):

- »Ärzte haben das Selbstbestimmungsrecht des Patienten grundsätzlich zu respektieren.«
- »Sie müssen ihren Patienten gegenüber aufrichtig sein und diese darin unterstützen, sich zu informieren und sachgerechte Entscheidungen über ihre Behandlungen zu fällen.«
- »Die Entscheidungen des Patienten über ihre Behandlungen sind oberstes Gebot, solange sie mit ethischen Prinzipien vereinbar sind und nicht mit unangemessenen Ansprüchen verbunden sind.«

3. Die soziale Gerechtigkeit (Principle of Social Justice):

- »Die Ärzteschaft ist aufgerufen, Gerechtigkeit im Gesundheitswesen zu fördern. Dies schließt die faire Verteilung der zur Verfügung stehenden Mittel ein.«

- »Ärzte sollen sich aktiv daran beteiligen, Diskriminierungen im Gesundheitswesen auszumerzen. Dies bezieht sich auf die ethnische Herkunft, das Geschlecht, den Sozialstatus, die Religion oder auf jede andere gesellschaftliche Kategorie.«

4. Ärztliche Verantwortlichkeiten:

- Verpflichtung zur fachlichen Kompetenz,
- Verpflichtung zur Wahrhaftigkeit im Umgang mit Patienten,
- Verpflichtung zur Vertraulichkeit,
- Verpflichtung zur Pflege angemessener Beziehungen zum Patienten,
- Verpflichtung zur ständigen Qualitätsverbesserung,
- Verpflichtung zum Erhalt des Zugangs zu medizinischen Leistungen,
- Verpflichtung zur gerechten Verteilung begrenzter Mittel im Gesundheitswesen,
- Verpflichtung zur Nutzung wissenschaftlicher Erkenntnisse,
- Verpflichtung zum angemessenen Verhalten bei Interessenkonflikten,
- Verpflichtung zur kollegialen Verantwortung.

Allerdings gibt es auch Regeln für »gute« Patienten, zum Beispiel:

1. Bereiten Sie sich auf den Arztbesuch vor.

Machen Sie sich Notizen: Welche Beschwerden treten wann auf? Wie wurden Sie früher behandelt? Welche Medikamente nehmen Sie ein? Nehmen Sie Befunde, Röntgenbilder, Patiententagebuch mit.

2. Unbedingt nachfragen …

… wenn Sie etwas nicht verstehen. Wenn Sie sehr aufgeregt sind, nehmen Sie einen Angehörigen oder einen Freund zum Arztgespräch mit.

3. Halten Sie sich an die Vereinbarungen.

Wenn Ihnen Medikamente suspekt sind oder Sie den Verdacht haben, dass sie Nebenwirkungen auslösen, lassen Sie sie nicht auf eigene Faust weg, sondern sprechen Sie den Arzt darauf an. *(zit. nach »Seniorenratgeber« 4/2005)*

Die drei Robotergesetze von Isaac Asimov

(1950)

1. Ein Roboter darf kein menschliches Wesen verletzen oder durch Unfähigkeit gestatten, dass einem menschlichen Wesen Schaden zugefügt wird.

2. Ein Roboter muss den ihm von einem Menschen gegebenen Befehlen gehorchen, es sei denn, ein solcher Befehl würde mit Regel eins kollidieren.

3. Ein Roboter muss seine Existenz schützen, solange sein darauf gerichtetes Handeln nicht mit Regel eins oder zwei kollidiert.

»Robotergesetze« in einem Buch über ethische Universalien?

Unbedingt, denn schon heute machen sich Wissenschaftler Gedanken darüber, ob Roboter irgendwann einmal die besseren Menschen sein könnten.

Heißt: intelligenter als wir, mit einem eigenen Willen. Sollte ein solches digitales Modell des menschlichen Denkens eines Tages in den Bereich des Machbaren rücken, müsste bei jedem technischen Entwicklungsschritt eine Art Grundgesetz mit Computerrechten festgelegt werden: Wie viel Ich-Identität soll eine Maschine bekommen? Welche Freiheitsgrade werden ihr eingeräumt? Sonst ergeht es uns dann womöglich tatsächlich wie in manchen Sciencefiction-Filmen: »Wir haben ein Riesenproblem mit den Robots!«

Mit dem Eigenleben metallener, dem Menschen ähnlichen, Geschöpfen beschäftigte sich der Sciencefiction-Autor Isaac Asimov bereits in den 1940er Jahren. Asimov schrieb eine Reihe von Kurzgeschichten, die unter anderem als vage Inspirationsquelle für den Hollywood-Spielfilm »I, Robot« (2004) dienten.

Zu Asimovs zentralen Einsichten gehörte, dass Ethik die Hauptschutzvorrichtung für ein intelligentes Wesen ist und dass, wenn wir erst einmal mit der seriellen Fertigung von künstlicher Intelligenz begännen, wir deshalb Ethik in unsere Roboter einbauen müssten, um sie davon abzuhalten, unkontrolliert Amok zu laufen. Seine berühmten »Robotergesetze« sind in gewissem Sinne selbst ein technisches Detail, ein Maschinen immanentes Äquivalent zu den Zehn Geboten. In Asimovs Universum sind sie so grundlegend für das Robothirn-Design, dass es praktisch unmöglich ist, einen Roboter ohne sie zu bauen.

Diese Gesetze »gelten primär für literarische Roboter, haben aber Einfluss auf die Programmierung heutiger Roboter genommen und sind in abgewandelter Form bei Wettbewerben von Reinigungsrobotern gültig. Heutige Industrieroboter werden ebenfalls schon nach diesen Gesetzen programmiert, wenn sich auch kaum einer der heutigen Programmierer dessen so richtig bewusst ist.« *(zit. nach www.Wikipedia.de)*

Ethik in Entenhausen

(1951)

»Ich erziehe meine Töchter nach dem Grundsatz:
Im Entsagen reich, im Ertragen stark, in der Arbeit unermüdlich. Sittenloses Treiben lehne ich ab.«

DIESES ZITAT STAMMT von einer namenlosen Entenhausener Bürgerin in dem Donald-Duck-Comic »Rosenmontags-Rummel« (im US-Original »Jet Witch«), erstmals erschienen 1977 und 1993 neu aufgelegt. Die Story: Um den alljährlichen Ausschreitungen der Kinder am Rosenmontag zu begegnen, beschließt die Entenhausener Bürgerversammlung, einen von kundigen Erziehern gelenkten Kinderfasching zu veranstalten.

Moral unter Enten und Mäusen? Natürlich, denn die sympathische und scheinbar harmlose Welt Entenhausens ist zwar ein fiktives Szenario – aber die Geschichten sind Abziehbilder des wirklichen Lebens. »Obwohl wir den Helden Entenhausens streng genommen nicht nacheifern können (dazu fehlt uns zum Beispiel die sie auszeichnende Unverletzbarkeit), werden sie für uns zum Vorbild«, analysieren die Schweizer Wissenschaftler Karl-Ludwig Kunz (Strafrechtler) und Roger Sidler (Historiker). »Ihr Verhalten gibt uns in karikierender Überzeichnung bestimmte Handlungsoptionen vor und legt gewisse Problemlösungen nahe.« *(K.L. Kunz/R. Sidler: Kriminalpolitik in Entenhausen, Helbing und Lichtenhahn, Basel-Genf-München 1999)* Anders gesagt: Micky Maus, Donald Duck, Onkel Dagobert, Tick, Trick und Track, Gustav Gans, Daisy und die anderen Bewohner des bunten Mikrokosmos namens Entenhausen liefern das Psychogramm einer Sippe von hoher gesellschaftlicher Signifikanz.

Gemeinwohl oder Eigennutz? Askese oder Hedonismus? Billigung oder Ablehnung des herrschenden Wertesystems? Das sind nur einige der gegensätzlichen Pole, zwischen denen die Bürger Entenhausens bei der Frage nach der rechten Lebensführung hin und her pendeln.

Ohne detailliert auf die Moral einzelner Geschichten mit beziehungsreichen Titeln wie »Der arme reiche Mann«, »Die Ausreißer« oder »Ein Fest der Liebe« einzugehen, erweist sich schon die grundlegende Charakterisierung der Sprechblasen-Figuren als bezeichnend:

Micky Maus als Vorzeigeheld legt eine makellose moralische Gesinnung ohne Zwischentöne an den Tag und ist der Prototyp des Saubermanns, der bei seinen rastlosen Abenteuern als Detektiv und Verbrecherjäger stets die alte Ordnung wiederherstellt. Für genüsslichen Konsum oder demonstrativen Müßiggang bleibt da keine Zeit – für derlei zweckfreien Lustgewinn kann sich allenfalls Mickys einfältiger Kumpel Goofy begeistern.

Ähnlich stark ist der Kontrast zwischen dem steinreichen Clan-Chef Dagobert Duck und seinem mittellosen Neffen Donald. Immer wieder führen uns die Bildergeschichten vor Augen, dass die verantwortungsschwere asketische Lebensweise Dagoberts der des leichtlebigen

Hedonisten Donald überlegen ist – der gar gerne mal zu kleinkriminellen bis anarchistischen Regelverstößen neigt, wenn diese zu seinem persönlichen Vorteil gereichen. Letzten Endes erfolglos, versteht sich.

Donalds Neffen Tick, Trick und Track hingegen sind strebsam, leistungswillig und dem edlen Ideal der Pfadfinder verpflichtet – und haben ohne Zweifel eine an Dagobert orientierte, rosige Zukunft vor sich.

Diese Konstellationen sind dem subtilen Können des Disney-Autors und Zeichners Carl Barks geschuldet, dessen Geschichten ab 1951 auch in Deutschland erschienen – in der kongenialen Übersetzung von Dr. Erika Fuchs. Barks schwebte kurz gesagt »Moral statt Moralisierung« vor. Er wollte »ein ethisches Bewusstsein aus dem Geschehen selbst entwickeln, anstatt seinen Lesern genaue Vorschriften zu machen, wie sie sich zu verhalten haben«, erklärt der Philosoph und Comic-Experte Markus von Hagen *(in: H.J. Kagelmann: Comics Anno. Jahrbuch der Forschung zu populär-visuellen Medien. Profil-Verlag, München 1991).*

Barks (1901–2000) glitt selten in ein Schema ab, wenn er kritische Inhalte und ein sittliches Bewusstsein via Entenhausen vermittelte. Seine Storys waren keine Gleichnisse, »sondern warfen Fragen der Moral zumeist nur auf, ohne sie schon glasklar und apodiktisch zu beantworten«.

Denn natürlich kann man Micky, Donald, Dagobert und Co. auch genau anders herum sehen: Die Micky Maus etwa als getriebene und im Grunde ängstliche Zwangspersönlichkeit, Donald als sympathischen Lebenskünstler und Onkel Dagobert als selbstzweckhaft agierenden

Depressiven, der mit dem Anhäufen von Besitz seinen Verlust an Lebenssinn kompensiert. Wohl nicht umsonst erschien 2006 ein Sachbuch mit dem Titel »Das Dagobert-Dilemma«. Es handelt davon, dass dauerhaftes Glück nichts mit materiellem Reichtum zu tun hat.

Die Fairness-Ethik nach Erich Fromm

(1956)

»**F**airness bedeutet so viel wie: auf Betrug und Tricks beim Austausch von Gebrauchsgütern und Dienstleistungen wie auch beim Austausch von Gefühlen zu verzichten.«

Nein, der Humanist und Sozialforscher Erich Fromm (1900–1980) hat die »Fairness-Ethik« weder entworfen noch sie propagiert oder gar geliebt.

Es war vielmehr eine ganz nüchterne, eher resignierte Feststellung, die Fromm in seinem weltberühmten Hauptwerk »Die Kunst des Liebens« traf: »Ich gebe dir ebenso viel, wie du mir gibst« – so laute die oberste Maxime der kapitalistischen Moral. »Man könnte sagen«, holte er weiter aus, »dass die Entwicklung der Fairness-Ethik der besondere ethische Beitrag der kapitalistischen Gesellschaft ist.«

Froh war der Philosoph darüber nicht gerade, denn: »Die Gründe hierfür sind im Wesen des Kapitalismus zu suchen. In den vorkapitalistischen Gesellschaften bestimmten nackte Gewalt, Tradition oder persönliche Bande der Liebe und Freundschaft den Güteraustausch. Im Kapitalismus ist der alles bestimmende Faktor der Austausch auf dem Markt. Ob es sich um den Warenmarkt, den Arbeitsmarkt oder den Dienstleistungsmarkt handelt –

jeder tauscht das, was er zu verkaufen hat, zu den jeweiligen Marktbedingungen ohne Anwendung von Gewalt und ohne Betrug gegen das, was er zu erwerben wünscht.«

Das Schlechte daran: Die Fairness-Ethik verfolge das Ziel, sich nicht verantwortlich für den Nächsten und eins mit ihm zu fühlen, sondern »von ihm getrennt und distanziert zu sein. Sie bedeutet, dass man zwar die Rechte seines Nächsten respektiert, nicht aber dass man ihn liebt.«

Diese Art von »Fairness« ist also weder gut noch böse – sie stellt vielmehr ein Prinzip des Marktes dar, das letztlich zu einem bestimmten Typus sittlichen Verhaltens führt. Im Grunde grenzt Fromm in »Die Kunst des Liebens« Liebe von Fairness ab und kommt zu der Einsicht, dass Liebe in dem von ihm gemeinten Sinne mit den Prinzipien der kapitalistischen Wirtschaftsweise unverträglich ist, weil Liebe mit den ihr eigenen Werten den Kapitalismus geradezu stört.

Insgesamt, wünschte sich Fromm, müsse die Gesellschaft so umgestaltet werden, dass Liebe in ihr nicht nur gelebt werden könne, sondern dass die Liebe als Antwort auf die Not der menschlichen Existenz gesellschaftliche Unterstützung erfährt.

Doch der Psychoanalytiker und Sozialpsychologe war auch Realist: Solange die Gesellschaft nicht nach den Regeln und Prinzipien der Liebe umgestaltet wird und funktioniert, solange könne die Fairness-Ethik zwischen einer Gesellschaft der Stärkeren und einer Gesellschaft der Liebenden wenigstens eine Gesellschaft der Fairen begründen, die im wechselseitigen Respekt vor der Würde, den Rechten und den gemeinsamen Interessen der jeweils anderen »Kooperation, Freiheit und Frieden« praktizieren. *(Zit. nach www.fairness-stiftung.de)*

Insofern bietet sich die Fairness-Ethik als eine »mittlere« Lösung für das Problem menschlichen und gesellschaftlichen Zusammenlebens an.

Die Zehn Gebote der sozialistischen Moral

(1958)

1. Du sollst dich stets für die internationale Solidarität der Arbeiterklasse und aller Werktätigen sowie für die unverbrüchliche Verbundenheit aller sozialistischen Länder einsetzen.

2. Du sollst dein Vaterland lieben und stets bereit sein, deine ganze Kraft und Fähigkeit für die Verteidigung der Arbeiter- und-Bauern-Macht einzusetzen.

3. Du sollst helfen, die Ausbeutung des Menschen durch den Menschen zu beseitigen.

4. Du sollst gute Taten für den Sozialismus vollbringen, denn der Sozialismus führt zu einem besseren Leben für alle Werktätigen.

5. Du sollst beim Aufbau des Sozialismus im Geiste der gegenseitigen Hilfe und der kameradschaftlichen Zusammenarbeit handeln, das Kollektiv achten und seine Kritik beherzigen.

6. Du sollst das Volkseigentum schützen und mehren.

7. Du sollst stets nach Verbesserung deiner Leistungen streben, sparsam sein und die sozialistische Arbeitsdisziplin festigen.

8. Du sollst deine Kinder im Geiste des Friedens und Sozialismus zu allseitig gebildeten, charakterfesten und körperlich gestählten Menschen erziehen.

9. Du sollst sauber und anständig leben und deine Familie achten.

10. Du sollst Solidarität mit den um ihre nationale Befreiung kämpfenden und den ihre nationale Unabhängigkeit verteidigenden Völkern üben.

ZEHN GRUNDSÄTZE, ehern und unverrückbar wie Gottes Zehn Gebote, verkündete das spätere Staatsoberhaupt der DDR, Walter Ulbricht, auf dem fünften Parteitag der SED im Juli 1958. Sie sollten die Grundsätze einer sozialistischen Ethik und Moral verkörpern und die Richtschnur für das Handeln jedes DDR-Bürgers darstellen. Später fanden sie Aufnahme in das Programm der Staatspartei SED.

»Nur derjenige handelt sittlich und wahrhaft menschlich, der sich aktiv für den Sieg des Sozialismus einsetzt, das heißt für die Beseitigung der Ausbeutung des Menschen durch den Menschen«, kann man Ulbrichts Rede im Parteitagsprotokoll nachlesen, das an dieser Stelle »lebhaften Beifall« vermerkt. Und weiter: »So kommt er dazu, seinem Leben einen neuen Sinn, einen festen inneren Halt und eine klare Perspektive zu geben.«

Tatsächlich aber hatten die nur allzu deutlich an den biblischen Dekalog angelehnten »Zehn Gebote für den neuen sozialistischen Menschen« den Zweck, alles

Private in der ehemaligen DDR aufzuheben. Zwischenmenschliche Beziehungen und Familienstrukturen sollten im Öffentlichen, im Kollektiv, aufgehen. Der »neue Mensch« als Erziehungsideal der Partei stand damit in allen Bereichen im Mittelpunkt der ideologischen Bemühungen.

»Was als so genannte sozialistische Moral etabliert wurde, war ein partikularistisches *(Partikularismus = das Bestreben des Staates, besondere Interessen gegen allgemeine Interessen durchzusetzen; Anm. d. Autors)* Dekret«, erklärt Richard Schröder, Theologe und Philosoph, der Vorsitzender der SPD-Fraktion in der ersten und einzigen frei gewählten Volkskammer der DDR war. »Die Zehn Gebote der sozialistischen Moral von Walter Ulbricht haben zwar eine Zeit lang jedes Postamt geziert, haben aber den Dekalog nicht ersetzt – sondern nur bewirkt, dass nun im Osten meist beide vergessen sind.«

Denn eine verordnete Moral mit ihrer erzwungenen Konformität ist nahezu zwangsläufig innerlich schwach. Historiker gehen denn auch davon aus, dass die »sozialistische Moral« die Moralität der ehemaligen DDR-Bürger allenfalls oberflächlich geprägt hat.

Vierzehn Tugenden für Vorsitzende Richter

(1983)

1. **S**TAATSTUGEND (Liebe zum Gesetz)

2. **G**ERECHTIGKEIT

3. **F**AIRNESS

4. **O**RDNUNG

5. **W**EISHEIT

6. **K**LUGHEIT

7. **B**ESONNENHEIT

8. **T**APFERKEIT

9. **U**MGANGSFORMEN

10. **S**ELBSTBEHERRSCHUNG

11. **G**ELASSENHEIT

12. **B**ESCHEIDENHEIT

13. DISTANZ

14. MASS

ES WAREN VORGÄNGE und Berichte wie der folgende, die den Rechtsexperten und Herausgeber der Juristenzeitung Wilhelm Scheuerle 1983 dazu veranlassten, seine Gedanken über die »Vierzehn Tugenden des Vorsitzenden Richters« zu Papier zu bringen:

»Beleidigung von Mitgliedern des Gerichts und Staatsanwälten sowie von Zeugen und Sachverständigen; Tätlichkeiten gegenüber Richtern, Staatsanwälten und Justiz-wachtmeistern sowie Polizeibeamten; Bewerfen des Gerichts mit Kot, Eiern, Obst, Schuhen; Unterhaltung mit Zeugen, Niederschreien anderer Verfahrensbeteiligter, fortwährendes Reden, Absingen politischer Kampflieder, Zerstörung von Mobiliar, Rauchen, Essen, Alkoholgenuss, Entkleiden während der Verhandlung; Tätlichkeiten und Beleidigungen gegenüber Pflichtverteidigern, die den Angeklagten nicht genehm sind; Anträge, Richter oder Staatsanwälte auf ihre Zurechnungsfähigkeit zu untersuchen.«

In dieser bitteren Auflistung der Strafrechtskommission des Deutschen Richterbundes drückte sich für Scheuerle nicht nur eine »Staatskrise« mit einhergehender Macht- und Hilflosigkeit der Gerichte aus – viel bedeutsamer seien die »inneren Ursachen« der »krisenhaften Notlage der Vorsitzenden Richter«. Gerade sie zeigten den Bedarf an Tugenden: »Wo sie fehlen, wankt die gute Ordnung der Sitzung als wichtige Teilordnung des Gemeinwesens. Es herrscht Aporie, das heißt Weglosigkeit und Ausweglosigkeit.«

Denn auch von Richtern konnte Scheuerle berichten, die »in öffentlichen Strafverhandlungen ostentativ Zeitung lasen oder Akten bearbeiteten, die frühstückten, die zu spät kamen und sich nicht entschuldigten, die nachlässig angezogen waren, die den Angeklagten zur Zielscheibe ihrer Ironie und recht billiger Witze machten«.

Da aber der Staat und seine Bürger das Recht auf »eine gute Verhandlung mit einem guten Vorsitz und einem guten Urteil« hätten, publizierte der engagierte Jurist in der Reihe »Schriften zum Prozessrecht« die »Vierzehn Tugenden für Vorsitzende Richter«. In seinen ausführlichen Erläuterungen dazu wandte sich Scheuerle unter anderem gegen »tugendlose« Sarkasmen und »überflüssige Bemerkungen« wie die eines Richters, der zu einem Dieb, der beim Fluchtversuch von einem Polizeibeamten angeschossen worden war, sagte: »Da haben Sie ja noch Glück gehabt. Andere Polizisten schießen besser.«

Wilhelm Scheuerle starb kurz nach der Fertigstellung seines Buches. Im letzten Kapitel darin wagte er einen – erklärtermaßen trüben – »Tugendausblick« und schrieb: »Das allgemeine Ethos muss sich erneuern, wenn sich das richterliche ändern soll.«

Dabei zähle zuvörderst der gute Wille: »Werte und Tugenden sind Gegenstände des Wollens. Auf das Wollen kommt es an. Von der Moral der Krise darf nicht viel übrig bleiben.« Aus heutiger Sicht sind viele der angeführten Vorkommnisse bereits ein Stück Justizgeschichte. Scheuerles Tugendbeispiele und Wertungen jedoch bleiben überzeitlich.

Einige Kernsätze über das Leben in der Verwaltung

(1988)

Einen guten Beamten erkennt man daran, dass er kein guter Beamter ist.

Wir müssen versuchen, eine Ordnung zu erhalten, die mit weniger Ordnung auskommt.

Loyalität und Gehorsam sind nicht dasselbe.

Es gibt nichts Schlimmeres als das Gerede, das nicht aufhört, wenn alles gesagt ist, was zu sagen war.

Dummheit zeigt sich auch darin, dass man die Fähigkeit hat, nur mit dem umzugehen, was man gelernt hat und sonst mit nichts.

Engagierte Schlamperei bringt oft mehr als teilnahmslose Ordnung.

»In Amtsstuben ist man höflich und hilfsbereit untereinander und zum Publikum. Die Zeiten, in denen es unfreundliche Beamte gegeben haben soll, sind längst vorbei. Wozu also dieser Wegweiser zum guten Ton?«, fragt der Jurist und Philosoph Frieder Lauxmann im Vorwort zu seinem Buch »Knigge im Amt – Vom Umgang mit Bürgern und Kollegen«. Und gab sich die Antwort selbst: »Bekanntlich ist nichts so gut, dass es nicht noch besser werden könnte ...« Also formuliert Lauxmann in dem humorigen Bändchen neben den vorstehenden »Ganz ernsten und nicht ganz ernsten Ratschlägen für das Innenleben einer Behörde« auch »14 falsche Ratschläge für den Umgang mit dem Publikum – und ein richtiger.«

Zu den falschen Ratschlägen zählt der Autor:

- »Denken Sie immer daran, dass Sie die Obrigkeit verkörpern und der Bürger daher auf Sie angewiesen ist.«
- »Die Verwaltung hat letzten Endes immer Recht, und dies muss der Bürger von Anfang an fühlen.«
- »Wenn Sie eine Begründung formulieren, dann zeigen Sie, dass Sie ein versierter Verwaltungsfachmann sind. Benützen Sie jede Art von Abkürzungen, Fachausdrücken und Verwaltungsfloskeln, die Ihnen zu Gebote stehen. Zitieren Sie Gesetze, Verordnungen und Entscheidungen lediglich mit der Fundstelle. Der Antragsteller hat schließlich zu Hause eine große Fachbibliothek, in der er alles nachschauen kann.«
- »Wenn Ihnen jemand eine Frage stellt, die Sie nicht beantworten können, verunsichern Sie ihn so lange mit Gegenfragen, bis er nicht mehr weiß, was er gefragt hat.«

Und so weiter, und so fort.

Und der »richtige« Ratschlag für den Umgang mit dem Publikum?

Er lautet folgendermaßen:

»Versetzen Sie sich immer in die Lage dessen, der etwas von Ihnen will. Erklären Sie alles so, wie Sie es erklärt haben wollten, wenn Sie nicht Bescheid wüssten. Man wird verstanden, wenn man etwas selbst versteht.«

Die ethischen Folgerungen der Agenda 21

(1992)

NACHHALTIGKEIT (Sustainability):
Nachhaltigkeit ist der Zentralbegriff der Agenda 21, der intergenerationale Gleichheit einfordert, und uns also dazu zwingt, heute im Interesse der zukünftigen Generationen zu handeln. Daraus folgt, dass wir ein Interesse an dem Wohlergehen zukünftiger Generationen haben müssen und nicht nur an unserem eigenen.

VERTEILUNGSGERECHTIGKEIT (Equity and Sufficiency):
Wir müssen uns für Verteilungsgerechtigkeit einerseits einsetzen können und zum anderen dafür Sorge tragen, dass Mindestbedingungen der Existenz auch bei anderen Menschen möglich sind. Der zukunftsfähige Mensch muss also, wie St. Martin, teilen können.

GANZHEITLICHE SICHT UND ANPASSUNG (Relationality and Adaptability):
Der zukunftsfähige Mensch muss erkennen können, dass alles mit allem zusammenhängt und dass er sich an begrenzte Ressourcen anpassen muss. Das heißt, wir müssen erkennen, dass unser Verhalten hier mit der Armut in weit entfernten Ländern zusammenhängt und dass wir uns gemeinsam an die begrenzten Ressourcen dieser Welt anpassen müssen.

GENÜGSAMKEIT (Frugality):
Genügsamkeit, Mäßigung, Sparsamkeit – eine Aufgabe insbeson-

dere für die wohlhabenden Länder, die sich mit einem weniger dynamischen Konsumwachstum, gar mit Schrumpfung, abfinden müssen.

ARTENVIELFALT (Biodiversity):
Der zukunftsfähige Mensch muss den Fortbestand von lebensfähigen Populationen und Spezies in allen möglichen Gegenden und Lebensräumen der Welt aufrechterhalten wollen. Der zukunftsfähige Mensch muss also konservierend am Wohl anderer Lebewesen, inklusive des Menschen, interessiert sein.

BESCHEIDENHEIT (Humility):
Demut und Bescheidenheit. Der Mensch muss die Grenzen des menschlichen Erkennens und Machenwollens erkennen und akzeptieren. Mit Humility verträgt sich keine ökonomische Fortschrittsphilosophie, kein Wachstumsfetischismus.

»Agenda« kommt aus dem Lateinischen und heißt so viel wie »das zu Tuende« oder »Was zu tun ist«.

Die Agenda 21 ist ein weltweites Aktionsprogramm, das 1992 bei der UNO-Konferenz für Umwelt und Entwicklung in Rio de Janeiro beschlossen wurde. »21« steht für das 21. Jahrhundert. Die 179 unterzeichnenden Staaten beschließen in der »Agenda 21«, dass global und lokal gehandelt werden muss, um allen Menschen auf der Erde ein würdiges Leben in gesunder Umwelt zu ermöglichen.

Das Dokument umfasst detaillierte Handlungsaufträge, die für eine ökologische, ökonomische und soziale

Entwicklung im 21. Jahrhundert zu erfüllen sind und die in alle Bereiche der Politik hineinreichen sollen. Denn: »Die Hauptgründe für die dauernde Verschlechterung der ökologischen Bedingungen auf der Welt sind der nicht mehr tragbare Konsum und die ständige Überproduktion der Industrieländer. Unser Konsum ist Raubbau und zerstört seine eigenen Grundlagen« *(Agenda 21, Kapitel 4, deutsche Übersetzung unter www.agrar.de/agenda/agd21k00.htm).*

Konkret geht es in der »Agenda 21« um Armutsbekämpfung, Bevölkerungs- und Entwicklungspolitik, Gesundheitsvorsorge, Veränderung von Konsumgewohnheiten, Landwirtschaft und Bodenschutz, Siedlungsentwicklung, Schutz der Erdatmosphäre, Schutz der Wasserressourcen und um den Umgang mit Abfall- und Chemikalien.

Leitbild des Aktionsprogramms ist »Nachhaltigkeit«: Nachhaltig bedeutet, dass »wir heute so leben und handeln, dass auch unsere Kinder und Enkelkinder eine l(i)ebenswerte Welt vorfinden können«. Alle lokalen Partner und Projekte der »Agenda 21« in Deutschland finden sich auf der Internetseite der Bundesweiten Servicestelle Lokale Agenda 21 *(www.agenda-service.de).*

Eng mit den ethischen Forderungen der »Agenda 21« verbunden ist der Begriff der Ökosophie (Umweltethik und -psychologie). »In der Ökosophie und Umweltethik werden die uralten ethischen Grundlagen der Weisen der letzten drei Jahrtausende um diejenigen Aspekte ergänzt, die notwendig sind, damit alle Menschen mit ausreichender Lebensqualität auf unserem Planeten leben können – trotz einer explodierenden Weltbevölkerung und der Fähigkeit der heutigen Menschen, unseren ganzen Planeten zu vergiften, unbewohnbar zu machen oder zu zerstören«, heißt es in einer Selbstdarstellung des privaten »Instituts für Ökosophie«, initiiert von dem Ingenieur und Psychologen Dr. Hartmut G. Streng.

»Eines jeden Menschen Leben hängt total ab von sauberer Luft, reinem Süßwasser, giftfreiem Humus und von anderen Lebewesen. Jede Ethik ist deshalb untrennbar verbunden mit einer Umweltethik.«

Die 16 Grundsätze der Erd-Charta

(1992)

I. Achtung vor dem Leben und Sorge für die Gemeinschaft des Lebens

1. Achtung haben vor der Erde und dem Leben in seiner ganzen Vielfalt.
2. Für die Gemeinschaft des Lebens in Verständnis, Mitgefühl und Liebe sorgen.
3. Gerechte, partizipatorische, nachhaltige und friedliche demokratische Gesellschaften aufbauen.
4. Die Fülle und Schönheit der Erde für heutige und zukünftige Generationen sichern.

II. Ökologische Ganzheit

5. Die Ganzheit der Ökosysteme der Erde schützen und wiederherstellen, vor allem die biologische Vielfalt und die natürlichen Prozesse, die das Leben erhalten.
6. Schäden vermeiden, bevor sie entstehen, ist die beste Umweltschutzpolitik. Bei begrenztem Wissen gilt es, das Vorsorgeprinzip anzuwenden.
7. Produktion, Konsum und Reproduktion so gestalten, dass sie die Erneuerungskräfte der Erde, die Menschenrechte und das Gemeinwohl sichern.
8. Das Studium ökologischer Nachhaltigkeit vorantreiben und den offenen Austausch der erworbenen Kenntnisse und deren weltweite Anwendung fördern.

III. Soziale und wirtschaftliche Gerechtigkeit

9. Armut beseitigen als ethisches, soziales und ökologisches Gebot.
10. Sicherstellen, dass wirtschaftliche Tätigkeiten und Einrichtungen auf allen Ebenen die gerechte und nachhaltige Entwicklung voranbringen.
11. Die Gleichberechtigung der Geschlechter als Voraussetzung für nachhaltige Entwicklung bejahen und den universellen Zugang zu Bildung, Gesundheitswesen und Wirtschaftsmöglichkeiten gewährleisten.
12. Am Recht aller – ohne Ausnahme – auf eine natürliche und soziale Umwelt festhalten, welche Menschenwürde, körperliche Gesundheit und spirituelles Wohlergehen unterstützt. Besondere Aufmerksamkeit gilt dabei den Rechten von indigenen Völkern und Minderheiten.

IV. Demokratie, Gewaltfreiheit und Frieden

13. Demokratische Einrichtungen auf allen Ebenen stärken, für Transparenz und Rechenschaftspflicht bei der Ausübung von Macht sorgen, einschließlich Mitbestimmung und rechtlichem Gehör.
14. In die formale Bildung und in das lebenslange Lernen das Wissen, die Werte und die Fähigkeiten integrieren, die für eine nachhaltige Lebensweise nötig sind.
15. Alle Lebewesen rücksichtsvoll und mit Achtung behandeln.
16. Eine Kultur der Toleranz, der Gewaltlosigkeit und des Friedens fördern.

ALS REAKTION AUF die Konferenz für Umwelt und Entwicklung der Vereinten Nationen in Rio 1992 arbeiteten

Nichtregierungsorganisationen (non-governmental organisations = NGOs) die Erd-Charta aus – eine inspirierende Vision grundlegender ethischer Prinzipien für eine nachhaltige Entwicklung.

Die Initiatoren und Unterzeichner der Erd-Charta (mehr als 100 000 Menschen aus 51 Nationen sowie zahlreiche Experten aus den Bereichen Umwelt, Wirtschaft, Politik, Religion und Bildung) vertreten die Ansicht, dass die globalen Probleme der Armut, der Umweltzerstörung, ethnischer und religiöser Konflikte sowie sozialer Ungerechtigkeit untrennbar miteinander verknüpft sind. Die Deklaration soll »zum einen die Herausforderung zum Diskurs über unsere Wertvorstellungen« sein »und zum anderen innovative Wege« aufzeigen: »Ihr Anliegen ist es, in allen Menschen einen neuen Sinn für globale Interdependenz (gegenseitige Abhängigkeit) und geteilte Verantwortung für das Wohlergehen der Menschheit und der gesamten belebten Welt zu erwecken. Sie ist ein Ausdruck der Hoffnung und zugleich ein Aufruf zum Entwurf einer globalen Partnerschaft.«

In der Präambel der Erd-Charta heißt es unter anderem: »Wir sind die Erde, das Volk, die Pflanzen und Tiere, der Regen und die Ozeane, das Atmen des Waldes und die Wogen des Meeres. Wir ehren die Erde als das Zuhause aller lebenden Wesen … Wir sind entsetzt über das menschliche Leiden, über Armut und Schaden an der Erde, verursacht durch die ungleiche Machtverteilung. Wir akzeptieren das Teilen von Verantwortung zum Schutze und bei der Rekultivierung der Erde. Wir erlauben die weise und gerechte Benutzung von Ressourcen, bei der das ökologische Gleichgewicht erhalten bleibt, um zu neuen wirtschaftlichen und spirituellen Werten zu gelangen.«

Als deutsche Koordinierungsstelle der internationalen Erd-Charta-Bewegung *(www.earthcharter.org)* fungiert die Ökumenische Initiative Eine Welt *(www.erdcharta.de)*.

Nach dem Willen der Organisatoren soll das ethisch-moralische Rahmenwerk für den Aufbau einer gerechten und friedlichen globalen Gesellschaft im 21. Jahrhundert an Einzelpersonen und Organisationen in allen gesellschaftlichen Bereichen verteilt werden. »Sie könne unter anderem verwendet werden

- als eine Einladung an Einzelpersonen, Institutionen und Gemeinschaften, die eigenen Einstellungen, ethischen Werte und das eigene Verhalten zu reflektieren,
- als Katalysator für den interkulturellen und interreligiösen Dialog über globale Ethik und die Richtung der Globalisierung,
- als eine ethische Richtlinie, um eine nachhaltige Entwicklungspolitik und Entwicklungsprogramme auf allen Ebenen zu erstellen.«

Audrey Hepburns Rezept für innere Eleganz und Schönheit

(1993)

»**W**ie bekommt frau …

… schöne Lippen? Sagen Sie nur das Beste über Ihre Mitmenschen.

… schöne Augen? Sehen Sie nur das Gute in Ihrem Gegenüber.

… eine schlanke Figur? Teilen Sie mit den Bedürftigen.

… schöne Haare? Sorgen Sie dafür, dass ein glückliches Kind jeden Tag Ihr Haar zärtlich durch seine kleinen Finger gleiten lässt.

… eine gute Haltung? Halten Sie den Kopf hoch, wenn Sie durch den Sturm gehen. Sie sind nicht allein.

Die Schönheit einer Frau liegt nicht in schicker Kleidung oder schönem Haar. Ihre wertvollste und anmutigste Schönheit gründet in der einzigartigen Feinfühligkeit und Empfindsamkeit ihrer Seele. Die Schönheit einer Frau muss aus ihren Augen, aus ihrem Herzen strahlen – da, wo die Liebe ihren Sitz hat.«

Romantisch? Bedenkenswert? Oder einfach nur ziemlich platt und schräg?

Wie auch immer: Diese »Beauty-Tipps«, die sich eher wie ein humanitäres oder religiöses Manifest lesen, sollen von der weltberühmten Hollywood-Aktrice Audrey Hepburn stammen. Seit einigen Jahren rauscht diese Liste durchs Internet.

Unbestritten war die vierfache Oscar-Preisträgerin (1929–1993) eine der schönsten Schauspielerinnen ihrer Zeit. Und auch das eine oder andere Bonmot von ihr ist überliefert, zum Beispiel: »Wenn man im Mittelpunkt einer Party stehen will, darf man nicht hingehen.« Oder: »Wenn du die Bewunderung von zahlreichen Männern gegen die Kritik eines Einzelnen eintauschen willst, dann heirate.«

Die vorstehende Sammlung indessen hat mit dem »Frühstück bei Tiffany«-Star nichts zu tun; es handelt sich um eine erbauliche Wandersage. Der wahre Urheber ist der amerikanische Autor und Humorist Sam Levenson.

Die gebürtige Belgierin Audrey Hepburn engagierte sich indes durchaus für eine bessere Welt, etwa während des Zweiten Weltkriegs in der Résistance gegen die deutschen Besatzer, und nach ihrer Schauspielkarriere als Sonderbotschafterin des Kinderhilfswerks der Vereinten Nationen (UNICEF).

Ob sie diese »Beauty-Tipps« unterschrieben hätte?

Sechs ethische Handlungsregeln für Manager

(1993)

1. Die Goldene Regel

Was du nicht willst, das man dir tu, das füg auch keinem anderen zu.

2. Der Kategorische Imperativ

Handle so, dass die Maxime deines Willens jederzeit zugleich als Prinzip einer allgemeinen Gesetzgebung gelten könnte.

3. Der zukunftsorientierte Imperativ

Handle so, dass die Fortdauer echten menschlichen Lebens auch für nachfolgende Generationen möglich ist.

4. Das Nutzenprinzip

Handle so, dass durch dein Handeln der größte Nutzen bzw. der geringstmögliche Schaden für die größte Anzahl der Betroffenen entsteht.

5. Die Expertenprüfung

Handle so, dass dein Handeln von unabhängigen Experten als angemessen/gerechtfertigt befunden würde.

6. Der Öffentlichkeitstest

Handle so, dass du dich in deinem Gewissen bestätigt weißt, wenn du dein Handeln vor den Fernsehkameras öffentlich zu rechtfertigen hast.

DIE »HEUSCHRECKEN« SCHAFFTEN es bei der Wahl zum Wort des Jahres 2005 auf den vierten Platz. Gemeint waren damit allerdings nicht Insekten, sondern gierige Unternehmer, die Firmen billig aufkaufen, sie ausplündern, zerschlagen und dann scheibchenweise meistbietend verschachern.

Geprägt hatte die Naturmetapher der damalige SPD-Chef Franz Müntefering in einem Interview mit einer großen Sonntagszeitung: »Manche Finanzinvestoren verschwenden keinen Gedanken an die Menschen, deren Arbeitsplätze sie vernichten – sie bleiben anonym, haben kein Gesicht, fallen wie Heuschreckenschwärme über Unternehmen her, grasen sie ab und ziehen weiter.«

Aber nicht erst seit der »Heuschrecken-Debatte« ist eine breite ethische Reflexion über die gesellschaftliche und gesamtwirtschaftliche Verantwortung der Manager entbrannt.

»Zurück zur Moral – zurück zum Erfolg!«, gab der Chefredakteur von *technologie&management* (»Das Fach- und Karrieremagazin für Wirtschaftsingenieure«) schon 2003 die neue Marschrichtung vor.

Denn: »Die Lage ist ernst: Umsätze und Börsenkurse sind im Keller, die einst schwarzen Bilanzzahlen sind dunkelrot geworden. Rekorde erzielen derzeit nur die Arbeitslosen- und Insolvenzstatistiken, die in Schwindel erregende Höhe geklettert sind … Die große Chance, die der Krise innewohnt, ist die zwangsverordnete Neupositionierung. Dazu zählt, zu den eigentlichen Kernkompetenzen zurückzufinden, Ballast über Bord zu werfen, eingefahrene Strukturen aufzubrechen, aber vor allem auch, die Unternehmensphilosophie neu zu definieren.«

Im Unterschied zum Fachwissen und zur Führungstechnik gibt es jedoch keinen allgemein gültigen oder alteingeführten Tugendkatalog für Manager. Deshalb orientieren sich diesbezügliche Vorschläge zumeist an zeitlos-klassischen Werten.

Der Betriebswirt und Professor für Arbeits- und Betriebspsychologie an der Uni Lüneburg Wolfgang Grundwald verwies 1993 in einem Artikel für die Monatszeitschrift *io new management* zunächst auf die uralte Goldene Regel (Seite 34) und auf Kant (Seite 160).

Punkt drei, der so genannte zukunftsorientierte Imperativ, geht zurück auf den Philosophen Hans Jonas (1903 bis 1993), der mit seiner bekanntesten Schrift »Das Prinzip Verantwortung« den »Versuch einer neuen Ethik für die technologische Zivilisation« unternahm.

Darüber hinaus ergänzte Grundwald das »Nutzenprinzip«, die »Expertenprüfung« und den »Öffentlichkeitstest«.

Die Bonner Unternehmensberatung »Deep White« will bei einer Studie in Zusammenarbeit mit der Universität St. Gallen herausgefunden haben, dass gelebte Tugenden in Firmen über ein Viertel des betriebswirtschaftlichen Erfolges ausmachen – mithin also nicht bloß »weiche« Faktoren, sondern »harte« Wettbewerbsvorteile sind.

Als Dienstleistung bietet »Deep White« eine Analyse des »Gesamt-Werteprofils« eines Unternehmens an. Die Erfassung der »Leadership-Values« (zu Deutsch etwa »Manager-Erfolgstugenden«) lehnt sich an die platonischen Kardinaltugenden (Seite 52) an und subsumiert unter

- »Klugheit«: Kundenorientierung, Leistungsbereitschaft, Erfahrung, Wissen der Mitarbeiter, Problemlösung etc.
- »Mut«: Innovation, Transparenz, Eigeninitiative, Freiraum für neue Ideen, Selbstverwirklichung, Konsequenz, Schwung und Elan etc.
- »Gerechtigkeit«: Entlohnung für Leistung, Achtung der Mitarbeiter, Verständnis für persönliche Lebensumstände, Fairness unabhängig von Hierarchie und Status etc.
- »Maß«: Tradition, Kontinuität, soziale Verantwortung, Bescheidenheit, Fehlerkultur etc.

Man ist geneigt zu sagen, die soziale Marktwirtschaft sucht aktuell ihr Heil in der Vergangenheit, spült alte Tugenden wieder hoch und hofft, die Firmenlenker mögen noch nicht ganz vergessen haben, worum es eigentlich geht.

Die Grundforderung der »Stiftung Weltethos«

(1995)

»Jeder Mensch muss menschlich behandelt werden.«

1990 VERÖFFENTLICHTE DER Schweizer Theologe Hans Küng die Schrift »Projekt Weltethos«. Darin entwickelte er die programmatische Idee, dass die Religionen der Welt nur dann einen Beitrag zum Frieden der Menschheit leisten können, wenn sie sich auf das Gemeinsame im Ethos besinnen – also auf einen Grundkonsens bezüglich bestehender verbindender Werte, unverrückbarer Maßstäbe und persönlicher Grundhaltungen.

Küngs Grundthesen waren:

- Kein Frieden unter den Nationen ohne Frieden unter den Religionen.
- Kein Frieden unter den Religionen ohne Dialog zwischen den Religionen.
- Kein Dialog zwischen den Religionen ohne Grundlagenforschung in den Religionen.

Drei Jahre später verabschiedete das Parlament der Weltreligionen in Chicago eine »Erklärung zum Weltethos«, wiederum unter Federführung von Hans Küng, der den

Text im Institut für ökumenische Forschung der Universität Tübingen ausgearbeitet hatte. Mit dieser Erklärung verständigten sich erstmals Vertreter aller Religionen über die Prinzipien eines Weltethos und verpflichteten sich zugleich auf vier unverrückbare Weisungen, nämlich

- auf eine Kultur der Gewaltlosigkeit und der Ehrfurcht vor allem Leben,
- auf eine Kultur der Solidarität und eine gerechte Wirtschaftsordnung,
- auf eine Kultur der Toleranz und ein Leben in Wahrhaftigkeit,
- auf eine Kultur der Gleichberechtigung und die Partnerschaft von Mann und Frau.

Wiederum zwei Jahre später, 1995, rief dann der Unternehmer Karl Konrad Graf von der Groeben die »Stiftung Weltethos« ins Leben. Ziel der Organisation ist es, »eine Vision des friedlichen Zusammenlebens der Völker, der ethnischen und ethischen Gruppierungen und der Religionen in gemeinsamer Verantwortung für unseren Planeten Erde« zu entwerfen – angesichts einer fundamentalen Krise der Weltwirtschaft, der Weltökologie, der Weltpolitik mit Kriegen, Arbeitslosigkeit, Armut, Hunger und Zerstörung der Familien.

Hat ein Weltethos eine Chance, sich durchzusetzen?

Auf diese Frage antwortet Küng in seinem Buch »Ja zum Weltethos«: »Wie auch in der Frage der Menschenrechte oder der Ökologie, des Friedens und der Abrüstung sowie der Partnerschaft von Mann und Frau in einem sehr komplexen und lang andauernden Prozess der Veränderung des Bewusstseins. Die Vordenker haben darin ebenso ihre Funktion wie die ersten Aktivisten und Initiativgruppen; die Wissenschaftler, welche die Probleme durchdenken, ebenso wie die Medien, die für Massenverbreitung sorgen; aber auch die Parteien, Verbände und Kirchen, die mehr Glaubwürdigkeit erlangen könnten, wenn sie sich diese Anliegen zu eigen machten.

Nicht zu vergessen selbstverständlich die Schulen und Fortbildungsstätten, die für eine kontinuierliche Erziehungsarbeit an immer neuen Generationen Verantwortung tragen, schließlich auch Politiker und Parlamente ...«

Die »Weider-Prinzipien« von Joe Weider

(1996)

»Streben Sie nach hohen menschlichen Werten, übertreffen Sie sich selbst, lieben Sie Ihre Freunde, sagen Sie die Wahrheit, seien Sie treu und respektieren Sie Ihre Eltern.

Diese Prinzipien werden Ihnen dabei helfen, sich unter Kontrolle zu haben, stark zu werden, zu hoffen und Sie auf den Weg zu Größe zu bringen.«

WER IST JOE WEIDER? Ein Guru? Ein Sektenführer? Ein Kirchengründer?

Mitnichten, sondern der »Trainer of Champions«, wie uns die Bodybuilding-Postille *Muscle&Fitness* informiert. In jeder neuen Ausgabe der Brust-und-Bizeps-Gazette springen den Leser erst einmal die blumigen »Weider-Prinzipien« an, ehe sich die Thematik in Richtung »Heiße Tipps für einen heißen Körper« und »Schlank, stark, sexy« verdichtet.

Zusammen mit seinen Brüdern Ben und Eric lenkt Joe Weider seit Jahrzehnten die Geschicke des Bodybuilding-Weltverbandes IFBB. In dieser Eigenschaft scheint der Amerikaner schon früh erkannt zu haben, dass ein muskulöser Körper zu wenig ist, um sich und andere vom gesellschaftlichen Nutzen und sozialen Vorbildcharakter der Kraftmeierei zu überzeugen. Und daher sind laut *Muscle&Fitness* die Weider-Prinzipien schlicht zu einem »kulturellen Kriterium« erhoben worden: »Sie stehen für Erziehung und Entwicklung der ganzen Person – Körper, Geist und Seele.«

»Besser könnten es weder die amerikanischen Republikaner noch die deutschen Konservativen oder die katholische Kirche formulieren«, merkt der Sportwissenschaftler Bernd Wedemeyer in einer »Kulturgeschichte des Bodybuilding« mit sanfter Ironie an.

Man mag über derlei Körperphilosophien schmunzeln oder den Kopf schütteln, wie sie Muskel-Mogul Weider mühelos über die Lippen gehen: »Unser Bodybuilding-Lebensstil ist ein großer Vorteil. Er gibt uns einen Sinn der Existenz ... Er bringt uns in Einklang mit den ursprünglichen Kräften, die unser Leben auf diesem Planeten möglich gemacht haben.« Allerdings leben wir nun einmal in einer Epoche »ganzheitlicher Selbstverwirklichung«, und da mag es jedem freistehen, auch Bodybuilding ideologisch zu überhöhen und als den absoluten Weg zum Glück zu preisen – ähnlich wie Jogging, Yoga, Wandern oder auch FKK in der Körperertüchtigung stets eine wichtige Rolle spielten.

»Nackende Menschen, Jauchzen der Zukunft«, hieß die Schrift eines gewissen Heinrich Pudor, die 1896 erstmals die Ideologie der Nacktkultur formulierte. Am Beginn der FKK-Bewegung stand programmatisch der Satz: »Ohne Nacktheit keine wahre Moral.« Nicht die nackten Menschen galten als unmoralisch, sondern die bekleideten. Die frühen Verfechter der Nacktkultur behaupteten nämlich, die Kleidung sei es, die den Körper auf unangemessene Weise sexualisiere. Der nackte Mensch allein sei unschuldig, rein, natürlich. Auch diese Behauptung war natürlich blanke Ideologie.

Heutzutage gibt es durchaus viele gute Gründe, den Gang ins Sportstudio zu wagen.

Verdrängt und ersetzt dabei am Ende »der Wunsch, gut auszusehen den Wunsch, Gutes zu tun«, wie Kulturpessimisten argwöhnen?

Oder realisiert sich der Werbeslogan »Training für alle, eine Welt für alle« eines Fitness-Centers in Niedersachsen?

Das liegt wohl letztendlich bei jedem Einzelnen.

Die zwölf Gebote des Cyberspace

(1996)

1. Sag offen, was du sagen willst, und zensiere nie.

2. Du sollst nicht langweilen.

3. Du sollst ein hohes Signal-Rauschverhältnis halten.

4. Sei weder großmäulig noch kleinkariert.

5. Du sollst keine Droh-Mail an president@whitehouse.gov senden.

6. Du sollst nicht stehlen.

7. Du sollst dem Netz geben, wenn du vom Netz nehmen willst.

8. Du sollst nicht offen auf deinen Profit abzielen.

9. Ehre deinen Sysop und die anderen Netzgötter, auf dass deine Tage im Netz lange währen.

10. Du sollst nicht online dein Liebesleben beschreiben.

11. Du sollst kein Bandbreitenhamster sein.

12. Sei du selbst und lass es dir gut gehen.

»Keine Gebote gibt es hier.
Es sei denn, du machst sie dir.
Im Netz bist du, was du tust.
Was das ist, entscheidest du.«

So lautet eigentlich »das erste und letzte Gebot des Netzes«, denn im Internet gibt es keine festen, verbindlichen Regeln.

Dennoch haben sich verschiedene Listen mit einer Art Mindestanforderung an die wünschbaren Kommunikations-Kompetenzen der »User« oder »Web-Community« herausgebildet, die etwa »Magna Charta für das Zeitalter der Materie« oder »Unabhängigkeitserklärung des Cyberspace« heißen – oder eben »Die zwölf Gebote des Cyberspace«.

Letztere wurden 1996 von den beiden Amerikanern Gerhard Van der Leun und Thomas Mandel in ihrem Buch »Rules of the Net« formuliert. Denn der Cyberspace ist längst ein eigener kultureller Raum, wo ebenso wie in anderen Kulturen das Zusammenleben durch Normen geregelt wird – und sei es auch nur durch einfache Ermahnungen wie »Wenn Sie keine Umgangsformen haben, sehen Sie zu, dass Sie welche kriegen«.

Der Begriff Cyberspace wurde von dem Sciencefiction-Autor William Gibson erfunden, zumindest aber durch seine »Neuromancer«-Romane geprägt. Gibson beschreibt darin den Cyberspace als einen Ort, »an dem die Bank unser Geld aufbewahrt, weil alles elektronisch abläuft«.

Inzwischen wird Cyberspace oft als Synonym für das Internet verwendet. Etwas abstrakter kann Cyberspace als der Ort definiert werden, an dem Daten und Informationen in elektronischer beziehungsweise digitalisierter Form aufbewahrt werden. In einer erweiterten Sichtweise werden ebenfalls virtuelle Welten, wie man sie inzwischen aus Chatrooms oder Online-Spielen kennt, dazugezählt. Vor allem Neueinsteigern können Konventionen wie »Die zwölf Gebote des Cyberspace« wohl durchaus als Orientierungshilfe dienen. Und sie umreißen darüber hinaus auch das Erscheinungsbild einer erblühenden »Netzkultur«. Für Nicht-Onliner einige Erläuterungen zum Van der Leun/Mandelschen Netz-Knigge:

- Du sollst ein hohes Signal-Rauschverhältnis haben: Botschaften sollten so kurz und einfach wie möglich übermittelt werden.
- Sei weder großmäulig noch kleinkariert: Hier beziehen sich die Autoren auf die Problematik der Groß- und Kleinschreibung im Internet. Großschreibung bedeutet in Chat-Foren und E-Mails unflätiges Schreien, Kleinschreibung wird von vielen benutzt, um beim Schreiben Zeit zu sparen.
- Du sollst nicht stehlen: Das »Hacken« und die Hacker-Moral haben das Internet aus verschiedenen Netzwerken mit aufgebaut. Eine eigene Hackerethik geht davon aus, dass alle Informationen für alle frei verfügbar sein sollen, also niemandem vorenthalten (und damit der Gemeinschaft »gestohlen«) werden dürfen.
- Ehre deinen Sysop und die anderen Netzgötter …: System Operators (Sysops) sind diejenigen, die die Knotenpunkte und Systeme pflegen, die also die Verbindung der Benutzer mit dem Netz ermöglichen.

- Du sollst kein Bandbreitenhamster sein: Speicherplatz und alle anderen benutzten oder greifbaren Ressourcen im Internet werden unter dem Begriff »Bandbreite« zusammengefasst. Mit diesem elften Gebot appellieren die Autoren an die User, keine unnötige Netzlast zu verursachen, also gelesene E-Mails zu löschen etc.
- Sei du selbst und lass es dir gut gehen: Das Internet versteht sich als Geflecht von Angeboten, die es ermöglichen, Freunde und Gleichgesinnte zu finden, sich selbst darzustellen, zu spielen etc.

Die Moral von Harry Potter

(1998)

»**B**ücher!

Schlauheit!

Es gibt wichtigere Dinge – Freundschaft und Mut.«

SO SPRICHT AUSGERECHNET Harrys maßlos strebsame Freundin Hermine in »Harry Potter und der Stein der Weisen«.

Und damit bringt sie die Botschaft der auf sieben Bände angelegten Fantasy-Reihe auf den Punkt: Obwohl Harry Potter doch zaubern kann, bekommt er jede Menge Probleme, die sich nur mithilfe anderer lösen lassen. Nicht seine magischen Fähigkeiten und dunkle Sprüche wie »Avada Kedavra« bringen ihn letztendlich weiter, sondern Kameradschaft, Mut, Opferbereitschaft, Solidarität und Treue.

Die Befürchtungen fundamentalistischer Anti-Okkultisten, Kinder könnten durch die Lektüre von Harry-Potter-Büchern dazu animiert werden, an Satanismus und Hexerei zu glauben und magische Praktiken auszuprobieren, zeugen kaum von einer objektiven Analyse. Die Autorin Joanne K. Rowling verkündet keine metaphysische Alternative; sie benutzt vielmehr das Magische als literarische Bühne, auf der sie klassische moralische Maximen vorträgt – zum Beispiel die oben genannten Eigenschaften, deren Fehlen in unserer Gesellschaft vielfach beklagt wird.

»Was die einfühlsame Darstellung von Gut und Böse in einer kindgerechten Form angeht, lassen die Geschichten von Harry Potter keine Wünsche offen«, ist denn auch der evangelische Weltanschauungsbeauftragte Hansjörg Hemminger überzeugt: »Die moralinsaure Kritik liegt völlig neben der Sache. Sie verdammt die Bücher nämlich außer wegen der angeblichen Verführung zum Okkultismus deswegen, weil der jugendliche Held sich nicht immer vorbildlich verhält, weil er in der Schule Regeln bricht und gegen seine Pflegeeltern Streiche ausheckt.

Dann müsste jedoch Pippi Langstrumpf noch vor Harry Potter in Acht und Bann getan werden, denn bei der sommersprossigen Göre mit den magischen Muskeln ist Ungehorsam gegen Erwachsene Programm. Astrid Lindgren schrieb diese Geschichte bekanntlich für ihre eigene Tochter, die krank im Bett lag. Was hat sie sich und dem Mädchen da angetan – hat sie ihr eigenes Kind zum Ungehorsam verführt?

Natürlich ist das Gegenteil der Fall. Der Spaß an der unmöglichen Pippi macht Kindern das Einhalten von Regeln im Alltag leichter ... Der wuselige Harry Potter ist, gerade was seine fragwürdige Moral angeht, realistisch gezeichnet, so wie Jungen eben sind.«

Der Gestalttherapeut und Publizist Mathias Jung (»Der Zauber der Wandlung«) sieht sich durch die Zauber-Szenen in den Harry-Potter-Büchern gar zu folgenden Fragen und Überlegungen angeregt:

> *»Womit bezaubere ich die Menschen? Was ist mein Zauberstab? Ist es meine Fröhlichkeit, meine Lebenslust, meine Stehauf-Qualität, meine Hilfsbereitschaft, meine Warmherzigkeit?*
> *Kenne ich überhaupt meine zauberischen Fähigkeiten? Nutze ich sie?«*

Die Ethologie der Schweinehaltung

(2001)

Quäle nie ein Tier zum Scherz,
denn es fühlt wie du den Schmerz.

TIERETHIK IST EIN ÄUSSERST kontrovers diskutiertes Thema.

Da gibt es zum Beispiel die Weigerung, Tiere als erneuerbare Ressourcen zu verstehen, wie sie die Theologin Helena Röcklinsberg vom »Zentrum für angewandte Ethik« der Universität Linköping/Schweden in ihrer Dissertation darlegt. Titel der 2001 erschienenen wissenschaftlichen Arbeit: »Ethologie der Schweinehaltung«. *(In: H. Röcklinsberg: Das seufzende Schwein. Zur Theorie und Praxis in deutschen Modellen zur Tierethik. Harald-Fischer-Verlag, Erlangen 2001)*

Da gibt es Radikalpositionen wie die des Schweizer Philosophen Urs Thurnherr, der den Menschen als »Parasiten« gegenüber den Tieren sieht:

»Zum Zwecke der Fleischproduktion und der Pelzgewinnung hält er Tiere in so genannten Tierfabriken zu den unterirdischsten Bedingungen gefangen und fügt ihnen ungeheuere Leiden zu. Gegen Ende ihres Passionsweges werden die Tiere dann in fahrende Kisten eingepfercht, als wären sie bereits tot, und unter großen

Qualen noch um die halbe Welt zu ihrem Schlachter transportiert. Wir alle kennen die entsprechenden Bilder aus den Medien …

Das fabrikmäßig hergestellte Fleisch und die fabrizierten Pelze werden ergänzt durch das Fleisch und die Pelze aus der Jagd sowie der Fallenstellerei. Auch zum Spaß geht der Mensch jagen, er nennt es Safari.

Im Tierexperiment muss das Tier die abartigsten Torturen über sich ergehen lassen zum so genannten Nutzen des Menschen. Ferner werden Wildtiere als Arbeitstiere missbraucht; sie werden durch vollkommen artfremde Haltung zu Haustieren gemacht. Die so genannten Haustiere werden zu Wohnungstieren verkrüppelt und als Ersatzpartner ausgenutzt. Das Tier ist Gefangener im Zoo, im Großaquarium und im Zirkus. Es wird gequält beim Rodeo, geschunden beim Pferdesport, gehetzt beim Hunderennen, es wird zur Unterhaltung getötet beim Stierkampf, Hundekampf, Hahnenkampf …

Die parasitäre Ausbeutung des Tieres durch den Menschen hat Methode und System.« *(A. Pieper/U. Thurnherr: Angewandte Ethik. Beck'sche Reihe, München 1998)*

Demgegenüber haben die meisten Philosophen in der Geschichte des abendländischen Denkens nahezu selbstverständlich den Menschen als weit über dem Tier stehend angesiedelt. Und zwar nicht nur wegen dessen Fähigkeit zu denken, sondern weil nur der Mensch sowohl ein Vernunftwesen als auch ein potenziell sittliches Wesen sei. Dem Tier seien diese Fähigkeiten nicht gegeben, und es habe demnach keine Würde.

Heute werden eher pragmatische Gründe für eine

Sonderstellung des Menschen angeführt, zum Beispiel die Frage, wie der Mensch selbst überhaupt am Leben bleiben kann, ohne sich an tierischem (und natürlich auch pflanzlichem) Leben zu vergehen.

Und zu jeder neuen rein philosophisch oder moralisch begründeten Haltung gegenüber unseren Mitgeschöpfen erhebt sich sogleich eine Gegenposition. Der englische Philosoph Jeremy Bentham etwa meinte: »Die Frage ist nicht: Können sie *(die Tiere; Anm. d. Autors)* denken? Auch nicht: Können sie sprechen? Sondern: Können sie leiden?«

Nimmt man dagegen Albert Schweitzers Forderung nach der »Ehrfurcht vor dem Leben« (Seite 190) ernst, dann ist das Leben als solches in allen seinen Erscheinungsformen »heilig« – also ganz unabhängig davon, ob dieses Leben »empfindungsfähig« ist oder nicht.

Doch ein solcher moralischer Anspruch (dass jedes Tier als solches – unabhängig von jeglicher Bewertung durch den Menschen – einen Wert darstellt, den jeder Mensch zu respektieren hat) muss begründet werden. *(N. Hoerster: Haben Tiere eine Würde? Grundfragen der Tierethik. Beck'sche Reihe, München 2004)*

Aber worauf und wie?

Alles in allem steht die Ermittlung des ethischen Status der Tiere und die Frage nach dem richtigen und würdevollen Umgang mit ihnen noch ziemlich am Anfang. Die Tierethik als Teildisziplin der Bioethik dürfte uns in den kommenden Jahren und Jahrzehnten noch manch spannende Debatte bescheren.

Aus der Präambel der »Charta der Weltethik«

(2002)

»Die soziale Verantwortung für die Menschheitsfamilie tragen Staat und Bürger gemeinsam. Solidarität unter den Menschen muss wieder zu einem hohen Gut werden sowie die Ehrfurcht vor dem Leben.

Schädliche Eingriffe in die Umwelt müssen verhindert werden, ebenso Eingriffe in das Erbgut des Menschen, welches die Menschheit schädigen könnte oder die Gattung des Menschen überhaupt. Die Gattung des Menschen muss unangetastet bleiben.

Alle Eingriffe, die der Arterhaltung des Menschen widerstreben, sind zu unterlassen. Die Wissenschaft hat sich hieran ebenfalls auszurichten und unterzuordnen. Die Wissenschaft darf deshalb nicht über die Menschenrechte gestellt werden, ebenso wenig über die ethischen Prinzipien einer universellen Ethikcharta. Gleiche Anforderungen gelten auch für die Religionen dieser Welt.

Bescheidenheit im Lebensstil, auch verstanden als Zeichen des Respekts vor dem Sein in zerbrechlicher Natur ist ebenso notwendig wie eine gemeinsame Vision von Grundwerten, um unsere Welt besser hinterlassen zu können, als wie wir sie vorgefunden haben.

Daran mitzuwirken ist eines jeden Weltbürgers Recht und Pflicht.«

Die »Charta der Weltethik« ist das private Projekt einer Einzelperson und erschien 2002 mit dem Untertitel »Ein Manifest zur internationalen Standardisierung der Ethik« als 88-seitiges Book on Demand.

Erklärtes Ziel des Verfassers war, »dass man die Definition, was ethisch ist und was nicht, nicht denen überlässt, die am Hebel der Macht sitzen. Überlässt man nämlich allein den Politikern, den Wissenschaftlern und den Wirtschaftsbossen die Definition, was als ethisch zu gelten hat und was nicht, dann läuft man Gefahr, dass Ethik von ihnen instrumentalisiert wird.« Dies gelte es zu vermeiden.

Eine Weltethikcharta müsse daher »ein Leuchtfeuer sein, an welchem die Menschen sich orientieren können – in allen Lebenslagen, in den hohen und niedrigen Wogen der Lebensströme eines jeden Menschen. Sie muss jedem Mitglied der Menschheitsfamilie Weg und Richtung zeigen und dabei die Verantwortung des Einzelnen erleichtern, sich in den einzelnen Lebenssituationen für einen Weg entscheiden zu müssen.«

In dem Internetforum »Politik-Poker – Gedanken zur Politik von morgen« ließ der Autor der »Charta der Weltethik« parallel zur Veröffentlichung seiner Deklaration starke Befürchtungen vor einem »zerrütteten Deutschland«, »vorrevolutionären Zuständen« und einer »düsteren Zukunft« erkennen.

Mag das Schreiben seiner »Charta der Weltethik« mithin auch ein Therapeutikum zur persönlichen Angstbewältigung gewesen sein, so dürften dennoch nicht wenige Menschen diese Empfindungen teilen: »Von so einer globalen Ethik ist die Menschheit noch weit entfernt, obwohl es schon richtungsweisende Vorschläge gibt. Die Kraftanstrengung muss hierzu aus dem Volke kommen, denn die Regierenden selbst sind an einer globalen Ethik nicht ernstlich interessiert. Sie wollen ihr Handeln nicht von einer Ethik einschränken lassen, es sei denn sie selbst geben sie vor.

Die Bevölkerung muss den Politikern also die Schranken ihres Vorgehens aufzeigen. Aber wie wird das möglich sein, wenn die Politiker die Macht haben, genau dieses zu unterbinden? Es beginnt ganz langsam damit, dass die Menschen erst einmal von sich aus beginnen sich für eine globale Ethikcharta zu interessieren. Danach werden sie sich organisieren und versuchen, ihre Vorschläge zu manifestieren.«

Allerdings hat die »Charta der Weltethik« dazu bislang nichts Erkennbares beigetragen. Das Buch – abgefasst im Grundgesetz-Stil (»Artikel 1, Ethische Grundpflicht: Jedes Handeln und Wirken von Bürgern, Organisationen, Staaten und Religionen dürfen der Arterhaltung des Menschen nicht schaden.«) ist zwar noch lieferbar, die dazu gehörige Internetseite jedoch existiert schon gar nicht mehr und ist nur noch im Google-Caché auffindbar.

Moritz Knigges »Spielregeln«

(2004)

»Der höfliche Mensch behandelt jeden Menschen mit Respekt, sei es die Wurstverkäuferin oder den Vorstandsvorsitzenden, er spricht in ganzen Sätzen, er ist aufmerksam und rücksichtsvoll, auch wenn ihm der Regelkatalog der Manieren unbekannt sein sollte.«

NACH DER INFLATIONÄREN VERBREITUNG von Knigges aller Art (»Sex-Knigge«, »Golf-Knigge«, »Anti-Blamier-Knigge«, »Knigge im Amt« etc.) machte sich anno 2004 ein waschechter Nachfahre des berühmten »Benimmpapstes« Adolph Freiherr von Knigge daran, die ursprünglichen Ideen eines Urahns zu restaurieren.

Denn dieser wollte – wie schon auf Seite 166 ausgeführt – keine starre Etikette schaffen, sondern den Menschen den Umgang miteinander erleichtern.

Auch sein Ur-Ur-Ur-Ur-Ur-Ur-Enkel Moritz Knigge (eigentlich »Baron Knigge. So redet man einen Freiherrn an«) will erklärtermaßen Lebensklugheit vermitteln. Seine »Spielregeln« (erschienen 2004) richteten sich an »alle Menschen, die der Überzeugung sind, dass wir vernünftige Regeln als Grundlage für den gemeinsamen Umgang brauchen«, erklärt der Düsseldorfer Unternehmensberater und Autor.

Der Leser erfährt darin zwar nichts über Tischmanieren und Handkuss – aber über die Notwendigkeit einer inneren Haltung, Respekt für das Gegenüber und Verantwortung für das eigene Handeln. Seine Maxime: »Wenn man andere Leute im Restaurant anschaut, sollte man nicht darauf achten, wie die ihre Austern essen, sondern wie die mit dem Kellner umgehen, ob sie höflich sind. Das ist ein Zeichen guter Manieren.«

Benimmt sich Moritz Knigge stets so, wie er es in seinem Buch empfiehlt, wollte das Magazin *Brisant* von ihm wissen.

»Ich versuche es, aber es gelingt mir natürlich auch nicht immer. Aber es fällt mir auf, wenn ich mich falsch benehme und ich ärgere mich dann über mich.«

Existenzialistische Ethik

(2005)

»Wenn Gott nicht existiert, so finden wir uns keinen Werten, keinen Geboten gegenüber, die unser Betragen rechtfertigen.

So haben wir weder hinter uns noch vor uns, im Lichtreich der Werte, Rechtfertigungen oder Entschuldigungen. Wir sind allein, ohne Entschuldigungen. Das ist es, was ich durch die Worte ausdrücken will: Der Mensch ist verurteilt, frei zu sein.

Verurteilt, weil er sich nicht selbst erschaffen hat, anderweit aber dennoch frei, da er, einmal in die Welt geworfen, für alles verantwortlich ist, was er tut. *(Jean-Paul Sartre)*

WAS SOLL, DARF, KANN der Mensch tun, wenn es keinen von Gott erlassenen Wert- und Sittenkodex gibt? Angesichts der Tatsache, dass jeder einmalig ist und keine Situation, in der er sich bewähren muss, einer anderen gleicht? Das ist die Ausgangsfrage des atheistischen Existenzialismus, wie er maßgebend von dem französischen Philosophen Jean-Paul Sartre (1905–1980) geprägt wurde.

Nun wird Sartre zumeist nicht gerade als Ethiker betrachtet. Und doch fragte er nach ethischen Normen; aber nach solchen, die sich der jeweiligen Situation anpassen und die dem Einzelnen nicht bloß abstrakt unabhängig von seiner Situation sagen, was er zu tun oder zu lassen hat.

Erst 2005, ein Vierteljahrhundert nach Sartres Tod, erschien die deutsche Übersetzung seines voluminösen Fragments »Entwürfe für eine Moralphilosophie«. Darin schreibt der Denker und Dramatiker: »Es gibt keine abstrakte Moral. Es gibt nur eine Moral in Situation, also eine konkrete Moral. Denn die abstrakte Moral ist die des guten Gewissens. Sie setzt voraus, dass man in einer von Grund aus amoralischen Situation moralisch sein kann … Die Moral ist die Idee, dass man sein Gewissen für sich haben kann.«

Schon in seinem philosophischen Hauptwerk »Das Sein und das Nichts« (1943) hatte Sartre jedem Menschen die volle Verantwortung für sein gesamtes Leben und sein Handeln bescheinigt und damit »als einer der Ersten der wohl wichtigsten ethischen Diskussion des 20. Jahrhunderts, der über Verantwortungsethik, den Weg gewiesen« *(zit. nach www.dradio.de)*.

Denn die existenzialistische Perspektive einer individuellen Ethik geht davon aus, dass der Mensch nicht nur für sich verantwortlich ist, sondern für die ganze Menschheit. Deshalb könne der Mensch für sich und alle anderen nur das Gute wählen, weil er letztendlich ein soziales Wesen ist.

Die Hoffnung eines wohlmeinenden Rezensenten indes, die späte Veröffentlichung der »Entwürfe für eine Moralphilosophie« in Deutschland möge die Rezeption Sartres in der ethischen Debatte intensivieren und zugleich »diese Debatte durch Sartres innovatives ethisches Denken bereichern«, scheint sich nicht zu erfüllen.

Der existenzialistische Blick auf den Menschen als »frei sich entwerfende Existenz« setzte sich nicht durch, und um Sartre selbst ist es nicht erst in den letzten 25 Jahren still geworden.

Die Zehn Angebote des evolutionären Humanismus

(2005)

1. Diene weder fremden noch heimischen »Göttern«, sondern dem großen Ideal der Ethik, das Leid in der Welt zu mindern.

2. Verhalte dich fair gegenüber deinem Nächsten und deinem Fernsten.

3. Habe keine Angst vor Autoritäten, sondern den Mut, dich deines eigenen Verstandes zu bedienen.

4. Du sollst nicht lügen, betrügen, stehlen, töten – es sei denn, es gibt im Notfall keine anderen Möglichkeiten, die Ideale der Humanität durchzusetzen.

5. Befreie dich von der Unart des Moralisierens. Trage dazu bei, dass die katastrophalen Bedingungen aufgehoben werden, unter denen Menschen heute verkümmern, und du wirst erstaunt sein, von welch freundlicher, kreativer und liebenswerter Seite sich die vermeintliche »Bestie« Homo sapiens zeigen kann.

6. Immunisiere dich nicht gegen Kritik. Ehrliche Kritik ist ein Geschenk, das du nicht abweisen solltest.

7. Sei dir deiner Sache nicht allzu sicher. Zweifle aber auch am Zweifel. Selbst wenn unser Wissen stets begrenzt und vorläufig ist,

solltest du entschieden für das eintreten, von dem du überzeugt bist. Sei dabei aber jederzeit offen für bessere Argumente, denn nur so wird es dir gelingen, den schmalen Grat jenseits von Dogmatismus und Beliebigkeit zu meistern.

8. Überwinde die Neigung zur Traditionsblindheit, indem du dich gründlich nach allen Seiten hin informierst, bevor du eine Entscheidung triffst.

9. Genieße dein Leben, denn dir ist höchstwahrscheinlich nur dieses eine gegeben.

10. Stelle dein Leben in den Dienst einer »größeren Sache«, werde Teil der Tradition derer, die die Welt zu einem besseren, lebenswerteren Ort machen woll(t)en. Eine solche Haltung ist nicht nur ethisch vernünftig, sondern auch das beste Rezept für eine sinnerfüllte Existenz.

DIE »ZEHN ANGEBOTE des evolutionären Humanismus« wurden von der deutschen Giordano-Bruno-Stiftung entworfen. Sie sind zentraler Bestandteil des 2005 veröffentlichten »Manifestes des evolutionären Humanismus«, das die Grundpositionen einer »zeitgemäßen Aufklärung« formulieren soll, indem es »die aktuellen Erkenntnisse von Wissenschaft und Philosophie miteinander verknüpft und die traditionellen Gräben zwischen Geistes-, Sozial- und Naturwissenschaften überwindet«.

Die Giordano-Bruno-Stiftung (Stiftung zur Förderung des evolutionären Humanismus) sammelt nach eigenen

Angaben neueste Erkenntnisse der Geistes-, Sozial- und Naturwissenschaften, um ihre Bedeutung für das humanistische Anliegen eines »friedlichen und gleichberechtigten Zusammenlebens der Menschen im Diesseits« herauszuarbeiten. Ziel der Stiftung sei es, die Grundzüge eines naturalistischen Weltbildes sowie einer säkularen, evolutionär-humanistischen Ethik/Politik zu entwickeln und einer interessierten Öffentlichkeit zugänglich zu machen.

Ethik ist laut dem »Manifest des evolutionären Humanismus« der Versuch, die unter Menschen unweigerlich auftretenden Interessenkonflikte so zu lösen, dass alle Betroffenen diese Lösung als möglichst fair erachten.

Religiöse oder moralische Prinzipien sind nach Auffassung der Initiatoren dazu ungeeignet – unter anderem deswegen, weil es ihnen stets nur unzureichend gelungen sei, den Eigennutz (»das Grundprinzip des Lebens und damit auch die Quelle aller Kreativität, Freundschaft und Liebe«) in den Dienst der Humanität zu stellen.

»Dies zu ändern, ist das erklärte Ziel des evolutionären Humanismus und auch die größte ethische, ökonomische und politische Herausforderung unserer Zeit.« *(zit. nach www.leitkultur-humanismus.de)*

Die »Zehn Angebote des evolutionären Humanismus« als eine Art Gegenentwurf zu den Zehn Geboten und ethischen Richtlinien für das 21. Jahrhundert seien »von keinem Gott erlassen und auch nicht in Stein gemeißelt« worden: »Jedem Einzelnen ist es überlassen, diese Angebote angstfrei und rational zu überprüfen, sie anzunehmen, zu modifizieren oder gänzlich zu verwerfen.«

Die feine englische Art

(zeitlos)

Wenn Sie einen Fauxpas sehen, überspielen Sie ihn.

Wenn Sie den Fauxpas nicht überspielen können, ignorieren Sie ihn.

Antworten Sie auf Einladungen.

Sagen Sie anständig »bitte« und »danke«.

Geben Sie es auf, Ihre Lebensgeschichte zu erzählen.

Unterstellen Sie nichts bei jemandem, den Sie gerade erst kennen gelernt haben.

»Es ist eine der ersten Erfahrungen, die ein Tourist in England macht, dass es dort höflicher zugeht«, schrieb ein London-Korrespondent der Deutschen Presseagentur (dpa) im Sommer 2005 in einer deutschen Tageszeitung.

Wer einem Engländer auf den Zeh trete, stelle überrascht fest, dass dieser »sorry« sagt. Ein Kind, das vorbei wolle, bittet: »Excuse me, Sir.« Und jeden Abend im größten U-Bahn-Gedränge gebe der Stationsvorsteher im

Minutentakt durch: »Bitte achten Sie auf die sich schließenden Türen. Bitte treten Sie zurück. Bitte achten Sie auf die Spalte (zwischen Zug und Bahnsteig).«

Sorry, please, excuse me, thank you – das seien die wichtigsten Vokabeln im täglichen Umgang miteinander.

Umgekehrt sind Engländer oft unangenehm überrascht, wenn sie im Ausland mit raueren Sitten konfrontiert werden. So berichtete ein *Sunday Times*-Kolumnist nach einem Berlin-Besuch über die Deutschen: »Sie sind unfähig, sich in einer großen Menge zu bewegen. Deutsche stoßen ständig miteinander zusammen und blikken dann mit kaum verhohlener Wut drein. Dann wiederum stehen sie minutenlang mit dem Gleichmut eines Wiederkäuers an menschenleeren Straßen und warten, bis ihnen ein kleines grünes Männchen sagt, dass sie jetzt gehen dürfen.«

Das vielleicht herausragendste Kennzeichen der englischen Zivilisation dagegen sei die Freundlichkeit, meinte der britische Schriftsteller George Orwell (1903–1950), der sonst nicht mit Kritik an seinem Land sparte: »Man bemerkt es gleich, wenn man seinen Fuß auf englischen Boden setzt. Es ist ein Land, wo Busschaffner gutmütig und Polizisten unbewaffnet sind. In keinem anderen Land, das von Weißen bevölkert wird, ist es einfacher, Leute vom Gehweg zu drängeln.«

Warum das so ist? Darüber gibt es verschiedene Theorien – und nicht alle sind unbedingt schmeichelhaft für das außergewöhnliche Inselvolk.

Der schwedische Anglist Mats Deutschmann hat in einer Studie mehr als 3000 englische Gesprächssituationen analysiert und ist dabei zu dem Ergebnis gekommen, dass wohlklingende Entschuldigungsfloskeln nur selten mit wirklichem Bedauern einhergehen. Seine wichtigste Erkenntnis: »Es sind vor allem die Mächtigen, die sich bei den Machtlosen entschuldigen.« Wer oft »sorry«, »pardon me« und »excuse me« sagt, unterstreiche damit seine gesellschaftliche Stellung, Bildung und gehobene Klasse. Demnach wäre die feine englische Art nichts anderes als Manipulation.

Andrew Marr, der politische Chefkorrespondent der BBC, sieht es anders. Für ihn ist die englische Höflichkeit eine »essenzielle Heuchelei im sozialen Umgang miteinander«. Gerade in der extrem individualistischen Multikulti-Gesellschaft des modernen Großbritanniens sei altmodische Höflichkeit wieder gefragt, um ein friedliches Zusammenleben sicherzustellen: »Immer höflich zu sein und seine privaten Vorurteile für sich zu behalten, mag manchmal schwer sein – aber wir müssen uns dazu zwingen.«

Wie das geht, bringt die Engländerin Laurie Graham in ihrem »Handbuch der feinen englischen Art« auch deutschen Lesern näher. Neben den vorstehenden »Sechs leichten Schritten zur Nettigkeit« finden sich darin auch »Tipps für die traumhafte Gastgeberin« oder »Fünf Leitsätze für Ihre Garderobe, wenn Sie nie Anstoß erregen wollen.«

Und nicht zuletzt »Neun Dinge, die am besten ungesagt bleiben«:

1. »Kennen Sie den vom heiligen Petrus und dem Rabbi?«
2. »Wann kriegst du das Kind denn?«

3. »Die Araber/Eskimos/Männer/Sozis sind doch alle gleich.«
4. »Was macht Ihr Mann beruflich?«
5. »Kenn' ich Sie nicht aus dem Krankenhaus?«
6. »Wann heiratet ihr beiden endlich?«
7. »Lorenz, du alter Gauner! Wer war die Mieze, mit der ich dich gestern Abend gesehen habe?«
8. »Der Doktor hat gesagt, so was hat er noch nie gesehen.«
9. »Alle sagen, ich bin ein Phänomen.«
10. »Ich denke manchmal, ich müsste ein Buch schreiben.«

Zehn Dinge, die man tun sollte

nach Patch Adams (2006)

1. Sammle allen Abfall in einem Bereich deines Wohnorts auf; sei der Wächter für diesen Bereich. Erzähle anderen davon.

2. Sei anderen gegenüber immer freundlich. Experimentiere heftig mit dieser Einstellung.

3. Biete eine Schulter- oder Fußmassage an, egal wo du gerade bist.

4. Kämpfe immer für Gerechtigkeit, egal was es dich kostet.

5. Gehe einmal in der Woche in ein Pflegeheim, um die Menschen dort aufzumuntern.

6. Schalte den Fernseher aus und werde interessant. Stelle dich selbst dar.

7. Habe keine Scheu, in aller Öffentlichkeit albern zu sein. Singe laut heraus. Trage komische Sachen.

8. Finde Wege, deutlich weniger Geld zu brauchen; teile in geradezu unglaublichem Maße.

9. Treffe dich regelmäßig mit Freuden, Nachbarn, Arbeitskollegen, veranstalte Überraschungspartys. Versuche deinen Familienverband so weit wie möglich auszudehnen.

10. Verbringe deinen Urlaub an deinem Wohnort und stifte das eingesparte Geld für soziale und gesellschaftliche Projekte.

Sie haben Salat zwischen den Zähnen.

Im Gespräch weist jemand Sie darauf hin. Sagen Sie jetzt: »Oh Gott, das ist mir aber peinlich!« Oder: »Ja, ich habe mir noch etwas für später aufgehoben.«

Wenn Ihnen spontan die zweite Antwort am Herzen liegt: Glückwunsch!

Denn in misslichen Alltagssituationen brauchen wir dringend einen Witz-Ableiter, ist der amerikanische Mediziner, Exzentriker und Visionär Hunter »Patch« Adams (geboren am 28. Mai 1945 in Washington) überzeugt.

»Seit fast 40 Jahren versprüht der Arzt mit den lachenden Augen Lebensfreude unter den Menschen. Keiner ist vor seinem Humor sicher. Auf der Straße, im Konferenzsaal, in Krankenhäusern, Flüchtlingslagern, Krisengebieten und im Aufzug – Patch Adams findet überall bereitwillige Opfer«, stellte der TV-Sender ARTE den »Experte im Glücklichsein« in einem Beitrag vor. »Dem Lachen kann kaum jemand widerstehen.«

Stimmt. Lesen wir zum Beispiel den »Witz des Tages« bei www.witz-des-tages.de: Ein Mann kommt spät abends aus seiner Stammkneipe nach Hause. Durch den Lärm wacht seine Frau auf und fragt was er für ein Lärm macht. Er: »Die Schuhe sind umgefallen.« Sie: »Das macht doch nicht so einen Krach.« Er: »Ich stand noch drin.«

Und schon geht es los: Ein Schüttelkrampf erfasst Zwerchfell und Brustkorb. Der Puls steigt, Röte schießt ins Gesicht. Die Muskeln des Jochbeins zerren die Mundwinkel nach oben, die Lippen öffnen sich und legen die Zähne frei. Gleichzeitig strafft sich die Bauchmuskulatur, die Lungenflügel blähen sich, um sogleich den Atem mit rund 100 Stundenkilometern durch die Luftröhre zu pressen. Der Kehle entweicht ein Stakkato von abgehackten Lauten – wir lachen. Klingt anstrengend und weckt doch die Lebensgeister.

Und tatsächlich waren es Krankenhäuser, in denen Patch Adams seine ersten Erfahrungen mit den Auswirkungen des »exzessiven Glücklichseins« machte. Von der Gleichgültigkeit und dem Zynismus vieler Ärzte entsetzt, schlug Adams erst in fortgerücktem Alter selbst die Medizinerlaufbahn ein und begann ein Studium am Medical College of Virginia, wo er 1971 promovierte.

Wie sehr er dort mit seinen bunten Hawaii-Hemden, seinen seltsamen Ansichten und unkonventionellen Heilmethoden aneckte, setzte 1999 Hollywood tragikomisch in Szene, mit Robin Williams in der Hauptrolle.

Schon als Jugendlicher engagierte sich Patch Adams gegen Rassismus und Unterdrückung in den Südstaaten der USA – mit frustrierend wenig Erfolg. »Ich fühlte mich ohnmächtig, dagegen anzukämpfen«, erzählt der heute 61-jährige Mediziner, »dann habe ich verstanden: Wenn ich die Welt verändern will, muss ich zuerst mich verändern«. Seitdem könnte man Adams als eine Art Missions-Narren bezeichnen.

Anno 2000 hielt er im Audimax der Universität Kiel einen Vortrag mit dem Titel: »Das vergessene Element in der Medizin: Spaß, Lachen und Humor.« Darin sagte er unter anderem: »Ich möchte mit jedem Menschen, der dies zulässt, ein intimes Verhältnis haben. Ich will mich geradezu in jeden verlieben, mit dem ich zusammen bin. Und ich bin neugierig. Darin liegt ja gerade der Zauber, ein Arzt zu sein. Menschen sind bereit, dich in ihr Leben einzulassen. Als Doktor kriege ich in einer ersten Begegnung, worum ein Freund des Patienten sich vielleicht ein Leben lang bemüht. Atemberaubend!«

Lachen ist eben hochinfektiös – allerdings steckt auch das Gegenteil an.

Einige Unternehmensberater haben in jüngster Zeit allen Ernstes die Seuche »AADS« in ihr Diagnose-Vokabular aufgenommen. Dieses Kürzel steht für »Acquired Amusement Deficiency Syndrome«, zu Deutsch etwa: erworbene Humorschwäche. AADS bezeichnet einen schlimmen Zustand, nämlich lähmenden Frust und Stress statt kreativer Heiterkeit, eine verbiesterte Belegschaft anstelle motivierter Mitarbeiter.

Auch die Teilnehmer eines großen europäischen Humor-Kongresses schlugen unlängst Alarm: Jeder Deutsche lache im Schnitt nur noch sechs Minuten am Tag! Sogar zu den eher angstvollen Zeiten des so genannten Kalten Krieges zwischen Ost und West waren es noch 18 Minuten. Wen wundert's? »Die Leute glauben, keinen Grund mehr zum Lachen zu haben«, analysiert ein namhafter Psychologe. »Nicht einmal über sich selbst, wenn etwas schief geht.« Offenbar haben wir eine Gesellschaft geschaffen, die Leistung und Erfolg so hoch bewertet, dass wir uns schämen und in Depressionen verfallen, wenn wir hinter den gesteckten Zielen zurückbleiben.

Und da Lachen bekanntermaßen gesund sein soll, müsste die zunehmende Abstinenz der Fröhlichkeit zugleich Symptom sein für eine schleichende Zeitkrankheit. Höchste Zeit also für Patch Adams und andere Lach-Fachmänner. Denn Humor ist »ein effektives Mittel gegen alle Zeitkrankheiten, die mit Angst zu tun haben«, sagt auch Michael Titze, Diplompsychologe und Humorforscher in Tuttlingen.

Zum Glück scheint die Botschaft gehört zu werden – wie die zunehmende Zahl von »Lachclubs« und die Aktivitäten der »Lachbewegung« zeigen (im Internet unter www.lachbewegung.de). Dass Lachen die beste Medizin ist, wurde mittlerweile sogar in einen Fachbegriff gegossen: Gelotologie (von griechisch »gelos« = Gelächter) nennt sich die Wissenschaft rund ums Kichern und Giggeln. Wenn auch die Forschung gerade erst dabei ist, sich zwischen Plattheiten wie »Lachen wirkt auf viele Muskeln« und gewagten Hypothesen wie »Lachen steigert die Zahl der Abwehrzellen im Blut« auf ein solides Fundament einzupendeln.

Und Patch Adams? Er lebt heute in Arlington, Virginia, wo er lange Jahre das von ihm gegründete Institut »Gesundheit!« als Gratiseinrichtung für Bedürftige leitete und unter anderem das »Cliniclowning« einführte. Aktuell plant er ein neue medizinisch-therapeutische Einrichtung – ein Haus, das so fabelhaft werden soll »dass Leute es gar nicht erwarten können, da reinzukommen«, sagt der fröhliche Revolutionär. Was genau darf man sich darunter vorstellen? Der *Ärztezeitung* vertraute Adams bei seinem Deutschlandbesuch an: »Die Rollen sollen durchaus ausgetauscht werden: Patienten kümmern sich umeinander, der Arzt rührt die Sauce an, und die Schwester schwimmt eine Runde im See.«

Textnachweis

S. 32/33 aus: Pierre Stutz, Herzensworte. Die 10 Gebote für das Leben; Luzern 2. Auflage 2004 © bei Pierre Stutz;
S. 67–71 © Hans-Albrecht Pflästerer, Barsbüttel;
S. 98–101 aus: Die Regel des heiligen Benedikt. Herausgegeben im Auftrag der Salzburger Äbtekonferenz, © Beuroner Kunstverlag, 88631 Beuron;
S. 132 f. © Roland Krismer;
S. 175 f. aus: Tobias Moorstedt/Heinrich Geiselberger: Es war einmal … Die Moral in Märchen; (Hg.); aus: fluter (19. 12. 2005) Magazin der Bundeszentrale für politische Bildung, © Bundeszentrale für politische Bildung Bonn/Berlin;
S. 191–193 aus: Albert Schweitzer: Gesammelte Werke; © AISL Schweiz; www.schweitzer.org;
S. 208 f. aus: Andreas Becke, Gandhi zur Einführung, © 1999 by Junius Verlag;
S. 224–226 aus: Erich Fromm, Die Kunst des Liebens, Erich-Fromm-Gesamtausgabe in zwölf Bänden, München 1999, Band IX, S. 516;
S. 233 ff. aus: Frieder Lauxmann, Knigge im Amt, Heidelberg 1988; © Frieder Lauxmann, Karlsruhe;
S. 246 aus: Wolfgang Grunwald, Sechs ethische Handlungsregeln für Manager; © io new management; Zeitschrift für Unternehmenswissenschaften und Führungspraxis, 62/1993, S. 36–38;
S. 256 f. aus: Gerhard van der Leun/Thomas Madel, Die zwölf Gebote des Cyberspace, © Bollmann Verlag Köln;

TEXTNACHWEIS

S. 263 f. aus: A. Pieper/Urs Thurnherr (Hg.), Angewandte Ethik. Eine Einführung; © Verlag C. H. Beck, München; S. 266 aus: Pierre Sens, Charta der Weltethik; © bei Pierre Sens, Ratingen;
S. 274 f. aus: Michael Schmidt-Salomon, Manifest des evolutionären Humanismus. Plädoyer für eine zeitgemäße Leitkultur; © Alibri-Verlag Aschaffenburg 2005;
S. 277–279 aus: Laurie Graham, Handbuch der feinen englischen Art. Deutsch von Amanda Loewenthal. © der deutschsprachigen Ausgabe: 1992/2000 Deutscher Taschenbuch Verlag München.